安心介護ハンドブック⑤

どうしよう！ すぐ知りたい！！

よくある現場の介護知識

協力：老人ホーム・フロ
監修：堀 清記・堀 和
編著：前田万亀子

はじめに

介護する側、される側それぞれのかかわり合いの中で、百人いれば百通りの知恵や技術があるのが介護です。マニュアルどおりに事が運ばず、正解が一つとは限らない現場では、状況の見極めや判断を瞬時に下さなければならないことがほとんどです。また、介護のトラブルの多くが偶然に起きているようで、起こるべくして起きているケースも少なくありません。

本書では、そうした悩みにこたえるために、よくある現場での介護の知恵をシミュレーション方式で、イラストとともにわかりやすくまとめました。日々よりよい介護を実践している特別養護老人ホーム『いくとく』（社会福祉法人育徳園）のご協力を得て、現場ならでは、現場だからこその、豊富な経験と実践に基づいた知識が随所に散りばめられています。基礎から一歩進んだ知恵や工夫も取り上げ、介護職ならだれもが知っておいてほしいものばかりを厳選しました。

ハンドブックながら知識や気づき満載の本書を、介護の現場で不安や疑問を感じたときに参考にして、介護職としての自信と誇りを持つ一助としていただければ幸いです。

本シリーズ④「介護用語これだけは 200」との併用をおすすめします。

編著者

本書の特長と使い方 P.4～が目次になっています ➡

この本は、介護施設の24時間をシミュレートし、そこで起こる介護の状況や場面にスポットを当てて、その問題点と解決法を解説しています。

I.ケアの解説 は3段階でわかりやすく整理！

例えば 起床 なら

★ポイント整理！

●介護の１日の流れを15項目に整理!!
イメージとともにポイントがもらさずつかめます。

その項目の全体的なポイントがわかる！

★よくあるケース解説！

●介護していて「どうしよう？」と困ったこと、「すぐ解決したい！」ことについて、ケースバイケースの形式でわかりやすく解説しています。

介護場面で問題になりやすいことと、その解決法！

★プラスアルファ解説！

●項目に関連したいろいろな情報を解説。知識面、技術面のスキル充実に役だちます。

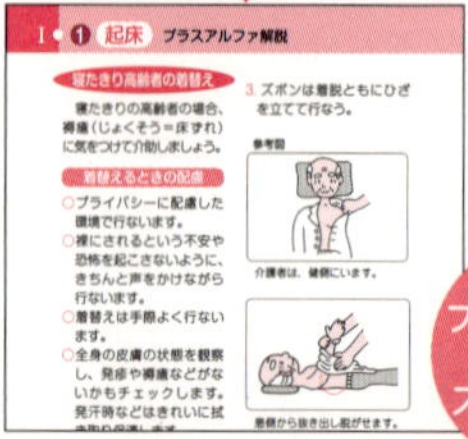

プラスアルファ情報でスキル充実！

※ 序.介護シーン 24時間 シミュレーション はイメージできる目次です(P.4～13)。

※ II.スキルアップ介護メモ は、数値などの情報です(P.105～)。

序　介護シーン 24時間 シミュレーション
ケンさん、ハナさんと私たち

このページは、序．Iに登場する方々を紹介しています。次ページからは、介護する側、受ける側の生活やケアを、1日24時間の介護場面として順を追って並べています。どこからでも開いて困ったときなどに役だててください。

あなたが担当する利用者は、きっと下の「ケンさん」や「ハナさん」に共通するところがある方々です。そのおふたりを、その下のAさんとBさんがみています。このふたりを自分自身に置き換えて、読んでみてください。

利用者プロフィール

ケンさん　83歳
（男性）要介護3
脳梗塞後遺症あり

右側の片麻痺で、移動は車イスで半介助が必要です。つかまり立ちができ、自分で何でもしようと意欲的です。高血圧と糖尿病の慢性疾患があり、服薬管理を行なっています。

ハナさん　90歳
（女性）要介護4
アルツハイマー型認知症

歩行不安定で、認知症がかなり進んでいます。介護抵抗や徘徊などの行動障害が見られ、慢性心疾患も持っているので目が離せない状況です。貧血があり、浮腫も見られます。

介護者プロフィール

現場4年目の
ケアスタッフ
Aさん

介護福祉士有資格者。より上を目ざして勉強中。現場で高齢者と直接かかわる業務が好きで、環境をよくする提案を積極的に行なっています。

新人ケアスタッフ
Bさん

高齢者と体を動かすことが好き。もっと技術や知識をつけたいと、先輩の指導を受けながら仲間といっしょに日々健闘しています。

ご利用者の1日の生活を追って

Ⅰ.ケア解説として

❶起床→❷モーニングケア→❸朝食→❹申し送り
→❺排せつ→❻見守り→❼家族説明→❽昼食
→❾散歩・外出→❿アクティビティ→⓫入浴
→⓬緊急対応→⓭夕食→⓮イブニングケア
→⓯就寝・夜間見守り　と、介護場面ごとに

●ポイント整理、●よくあるケース解説、●プラスアルファ解説
の順に掲載しています！！

❶～⓯のどの場面からでも見てみましょう！！

食前薬
7：00

INDEX　❶起床　P.14～19

9：00

INDEX ④ 申し送り P.32 ～ 37

体操（生活リハビリ）

10：00

11：00

ホッ

食後の休憩　スタッフ休息

13：00

14：00

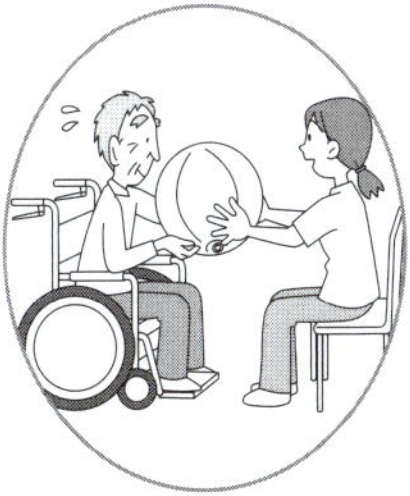

おやつ　水分補給

15：00

16：00

INDEX

17:00

18:00

※急変に関しては、本シリーズ既刊「イラストでわかる介護のための急変ノート」に、より詳しい解説があります。

食後の休息　だんらん

19：00

20：00

INDEX

⑭ イブニングケア P.92～97

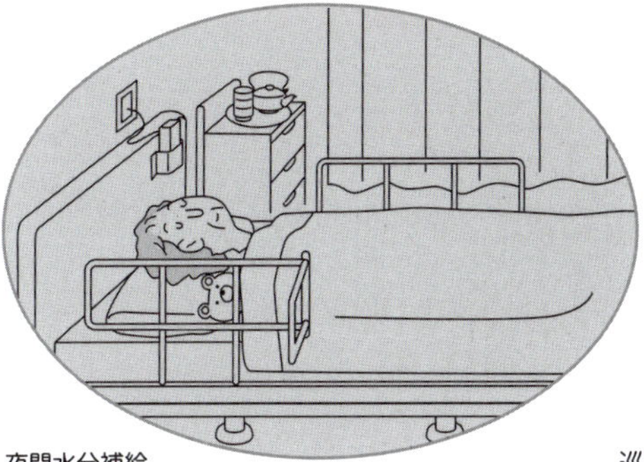

眠前薬　夜間水分補給

21：00

巡回

24：00 ～
翌朝まで

⑮ 就寝・夜間見守り　P.98 ～104

※次のページからは「Ⅰ.ケアの解説①～⑮」です。

※ P.105 からは、「Ⅱ.スキルアップ介護メモ」を掲載しています。

・こんな症状のとき・バイタルチェックの留意点

・介護保険の主なサービスなど、数値情報や備忘録になる役だつ情報を整理しています。

※いつも本書を携帯していれば安心です。

正しい朝の始め方

介護のポイント

- カーテンを開けて朝日を部屋に入れ、寝ている高齢者を起こす際は、必ず「よく眠れましたか」や「おはようございます」などと明るく声かけをします。
- 起床時間は決まっていますが、その方の状態や気分に応じることが大切です。高齢者は睡眠リズム障害を起こしやすいので睡眠の質を把握しておきます。
- 訪室ごとに室温が適温であるかを確認します。
- 排せつの有無を確認し、着替えの際には皮膚の観察を行ないます。発汗の見られた際は拭き取り保清します。

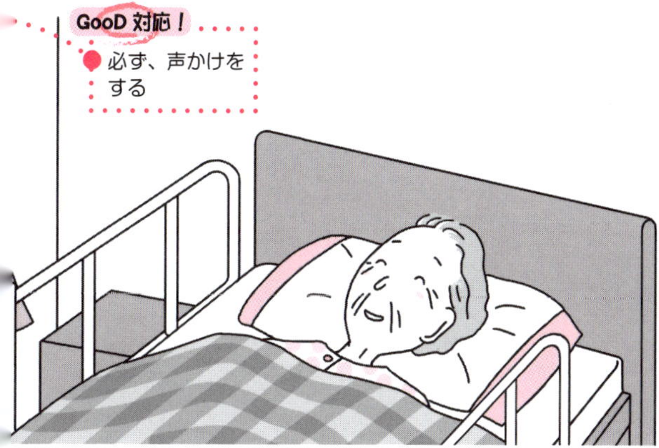

着替えのポイント

- “寝かせきり”は“寝たきり”への第一歩です。特に手足が不自由になると着替えが億劫です。1日のめりはりをつくる意味でも着替えは大切な日課です。片麻痺の方は健側から着物を脱ぎ、患側から着るようにします。
- 着替えることを本人に伝えて了解を得てから衣類を確認します。プライバシーに配慮しましょう。
- 寒い時期には部屋を暖め、介護者の手も温めるなどの配慮もケアのうえで大切なことです。

Case その1 ベッドから起き上がるとき

ハナさんの場合 声をかけすぐ起こそうとしたらフラついた！

困った！

これはNG！
無理に起こそうした

解決、大丈夫！ スムーズに起こすにはギャッチベッドも利用します

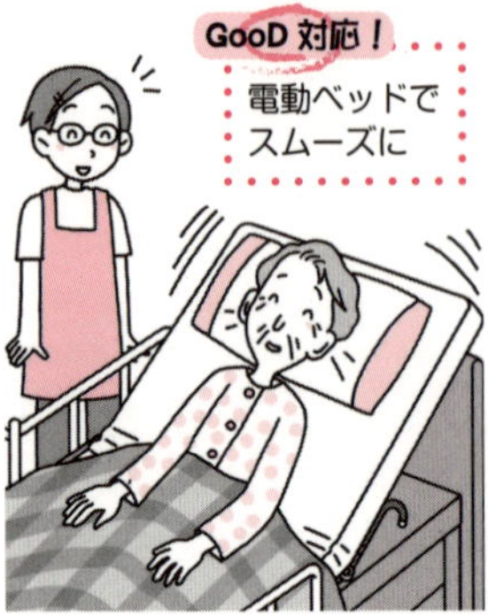
GooD対応！
電動ベッドでスムーズに

- 高齢者は急に起こされるとフラついたり、不安になったりするので気をつけましょう。
- 背上げ機能を使うとスムーズに起こせます。ひざの部分を少し上げておくと体がずり下がるのが防げます。
- 残存機能を活用し、本人ができる動き（つかまるなど）は協力してもらって行ないます。
- 打撲や皮膚剥離などをしないように安全に配慮しましょう。

Case その2 パジャマを着替えるとき

ケンさんの場合 片麻痺のケンさんの着替えで優しくしたのに痛がった！ どうする？

これはNG！
患側から脱がせた
アイタタ…

解決、大丈夫！ 脱ぐときは健側から始め着るときは患側から始めます

GooD 対応！
脱ぐときは健側から

- 衣服の着脱は手順についての声がけをしながら行ないます。
- 健側から脱いで、患側から着るようにし、できるだけ本人のできる動作は協力してもらうようにしましょう。
- 関節や筋肉を支え持ち、無理に動かさないようにします。
- そで口がゆったりした伸縮性のある肌触りのよい衣類がよいでしょう。

寝たきり高齢者の着替え

寝たきりの高齢者の場合、褥瘡（じょくそう＝床ずれ）に気をつけて介助しましょう。

着替えるときの配慮

○プライバシーに配慮した環境で行ないます。
○裸にされるという不安や恐怖を起こさないように、きちんと声をかけながら行ないます。
○着替えは手際よく行ないます。
○全身の皮膚の状態を観察し、発疹や褥瘡などがないかもチェックします。発汗時などはきれいに拭き取り保清します。

着替えの手順

1. そでを脱がして内側を中に巻き込む。
2. 側臥位にして新しい服のそでを通し、反対側の身ごろを体の下に入れ込む。さらに仰臥位にしてから引き出し着せる。
3. ズボンは着脱ともにひざを立てて行なう。

参考図

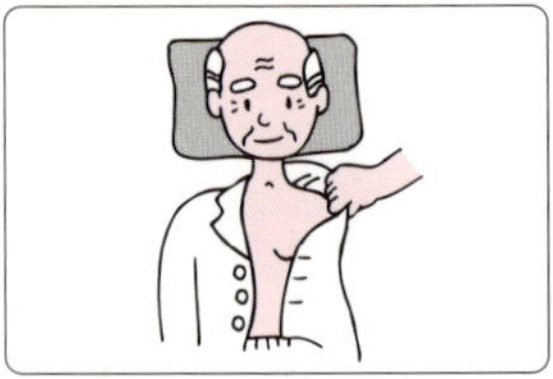

介護者は、健側にいます。

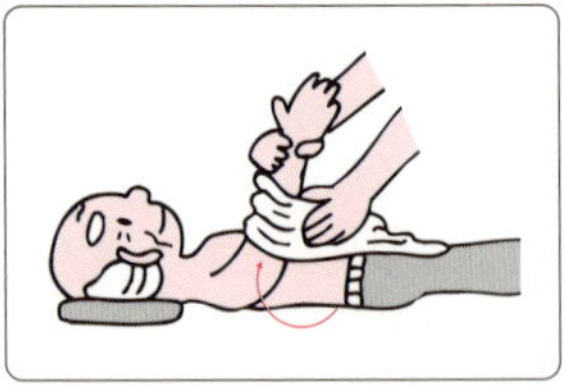

患側から抜き出し脱がせます。

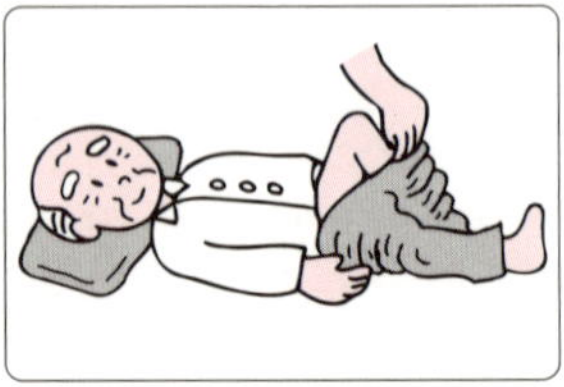

健側から脱がせ、患側から着せます。

起床時に多い脳卒中

高齢者の脳卒中や心筋塞は起床時、早朝に発生することが多いようです（早朝高血圧）。血圧は起床時から上がり始めますが、その原因は覚醒前後、体が目覚める状態になるために自律神経の急な興奮が起こるためといわれています。

脳卒中の種類

○脳梗塞…血管が詰まる

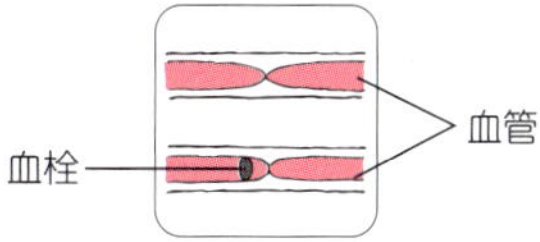

○脳出血…血管が破れて出血する

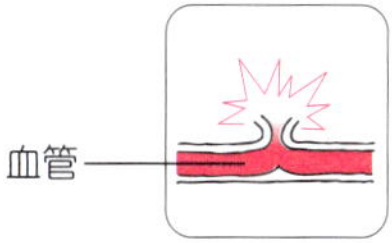

○くも膜下出血…くも膜と軟膜の間にあふれた血液が脳全体を圧迫する

高齢者は気温の変化に鈍い

本人の感じ方だけでは十分な室温の管理が難しくなります。特に冬には夜間にトイレの回数が増えがちで気をつける必要があります。

急激な室温の変化に注意

暖かい居室から寒い廊下、脱衣所から浴室、夜間のトイレなど、室温の上下によって血圧は急激に変化するため、温度変化を避けることが大切です。

倒れたときの対処（すぐ入院）

1. 意識があるか
2. 呼吸をしているか
3. 吐いていないか（吐きそうな場合は横向きに寝かせる）

※救急車を呼び、救急隊員には発作からの経緯を伝えます。

※意識の確認については、P.121 の＜意識レベルの評価法 3-3-9 度方式＞を参照。

気持ちのよい1日のスタート

きれいに
しましょうね！
GooD 対応！
笑顔でお手伝い
をする

介護のポイント

- 会話し表情を見ながら自身でできるよう、手順を伝えます。ただ清潔にすればよいというケアではなく、心に寄り添って介助しましょう。
- 洗顔やひげそり、歯磨き、耳や目の手入れなどの身だしなみは、体を清潔に保つために必要なだけでなく、1日の始まりであり、生活によりよいリズムをつくるための大切な行為です。
- ベッド上でのケアが必要な方は、温タオルできれいに拭きましょう。

口腔ケアの目的とポイント

- 口腔ケアは、細菌を除去する、誤嚥を防ぐ、嚥下反射を誘発するのが主な目的です。誤嚥性肺炎や口腔の乾燥、口腔機能の低下の予防にもなります。
- 口腔内をチェックし、洗口ができないときは口腔用ガーゼ、スポンジなどで拭きます。
- だ液の分泌を促進するために、口腔機能訓練（舌体操、嚥下体操）やマッサージ（だ液腺、口腔粘膜）などさまざまなメニューを組み合わせ、食後に行なうことで刺激となり、スムーズな嚥下につながります。

Case その1 口腔ケアをするとき

ハナさんの場合 口の中がモゴモゴしてとても気持ち悪そう！

解決、大丈夫！ 入れ歯を装着し直すとすっきり笑顔！

- 口腔ケアの際にはまず口の中をチェックします。
- 義歯（入れ歯）は毎食後外して清掃し、装着に不具合がある場合は手伝います。
- 義歯の汚れを落とし、洗浄剤を使用することで殺菌され、清潔が保てます。
- 研磨剤入りの歯磨き剤は義歯を傷つけ、その部位に菌を繁殖させたり、装着時の不具合を生じさせたりします。

Case その2 寝起きの顔を観察したとき

ケンさんの場合 今日はいつもより目やにがいっぱいついている！

どうする？

解決、大丈夫！

温かいタオルを当ててからガーゼなどで拭き取ります

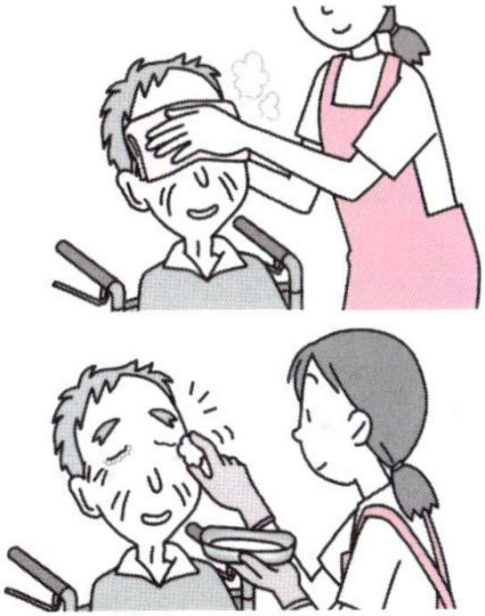

- 目やにはまぶたからの老廃物などが固まったもので、細菌感染の目安になります。
- 目やにの多い方は、起床時だけでなく、こまめに保清を心がけ、疾患が疑われる場合は医師に相談するようにします。
- 介助時には感染予防のために必ず手袋を使用しましょう。
- 目やにを伴う主な疾患には、細菌性・ウイルス性・アレルギー性の結膜炎があります。

口腔ケア

口腔内を清潔にして虫歯や歯周病を予防し、口臭を消して、全身の健康を守ります。口から食べていなくても口腔清拭は行ないましょう。

口腔ケアを始める前に

口腔ケアはたいへんデリケートです。特に認知症の方に対しては、無理をせず本人のペースに合わせてできることから始めましょう。

口腔ケアの手順

○用具は事前に整えておく。
○口腔内をチェックする。
○唇を湿らせる。
○ブラッシング後、洗浄する。
○必ず1日3回食後に口腔ケアを行なう。
○うがいのできない方は口腔清拭を行ない、そのときには生理食塩水（温清効果がある）などを使う。
※座位が取れない場合はベッドを30度～45度に起こし、体が起こせない場合は側臥位に(患側を上に)、側臥位も無理な場合は頭を横にします。誤嚥にも注意します。

●巻綿子(けんめんし)やガーゼによるケア

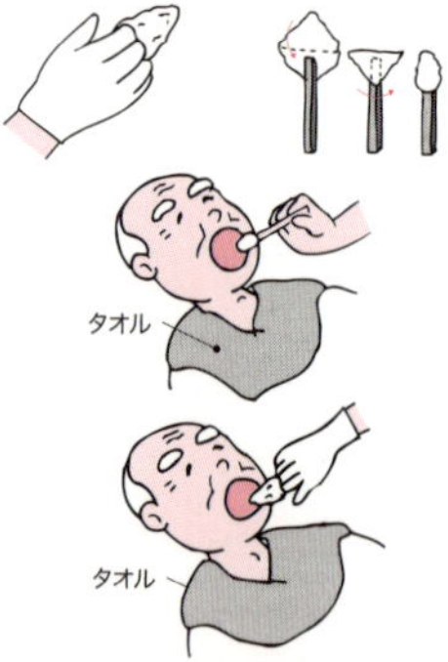

片麻痺がある場合は

○ブラシは健側で握ってもらい、麻痺側を十分に清掃して、ほおや舌のストレッチも行ないます。
○口腔内に汚れがたまりやすい麻痺側は、特に念入りに清掃します。
※手鏡で麻痺側を映すと歯磨きがしやすくなります。

口腔ケアの効果

○よく噛んで食べられる。
○好きな物が食べられる。
○むせや咳込みの予防につながる。
○会話を楽しみながら食べられる。
○口腔の乾燥がない。
○口臭がない。
○便通がよく、おなかがすっきりする。

●口腔ケアの用具など

臥床の方や義歯の方など個々の状態に合わせて使うことが大切です。

○歯ブラシ○義歯用歯ブラシ○歯間ブラシ（糸ようじ）○舌ブラシ○スポンジブラシ○コップ○ガーグルベース○うがい剤（薬）○ガーゼ○ティッシュ○ペーパータオル○軟膏（リップクリーム）　など

●舌体操

舌をベーと出す。舌を喉の奥のほうへ引く。

口の両端をなめる。

出した舌で、鼻の下、あごの先を触るようにする。

おいしい食事は元気のみなもと

これはNG！

無理に食べさせたり、
せかせたりする

介護のポイント

- 高齢者にとって食事は楽しみなひとときです。無理強いせずに各自のペースに合わせて食事が楽しめるようにします。
- 喜んで食事ができる環境を整え、体の変化や特徴に応じた献立、食事形態、栄養に配慮しましょう。
- 食べやすいよう工夫して調理し、温度にも気を配ります。
- 日々の摂取量を把握したうえで、１日トータルでの食事量のバランスを考えます。
- 認知症の方は集中できず、食事が十分とれなかったり、食べたことを忘れたりするので気を配りながら介助します。

お待たせしました
GooD 対応！
食べやすいように
工夫をする
MILK

食前食後のポイント

- 食事前になるべく排せつ（トイレやおむつ交換）を済ませておきます。
- 周りを清潔に保ち、手洗いをしっかりしておきます。
- 介助用エプロンやタオル、自助具を準備しておきます。
- 治療食や食事制限がある場合は、その内容を確認しておきます。
- 嚥下状態や食事量からその人の身体の状態を把握します。
- 食前・食後の服薬管理をきちんと行ないましょう。
- 食欲減退が続くなどの異常があれば医師に相談をします。

Case その1 食事の前に服薬をするとき

ケンさんの場合 食前薬を飲んでもらうのを忘れたことに気がついた！ 困った！

解決、大丈夫！ 食前薬の服薬はできるだけ食事の 30 分前を目安にします

- 前もって個々の薬の飲み方や薬の使い方を十分に把握しておきましょう。
- 食事によって薬の吸収効果が増減したりするため、食前・食後・食間と決まったタイミングで服用するよう指示に従って管理します。
- 高齢者は複数の慢性疾患を併せ持っていることも多く、薬の種類も増え、飲み忘れや飲み間違いの危険性が高くなります。

Case その2 いちどに、ほおばって食べ始めたとき

ハナさんの場合 口に運ぶがのどに詰まるようで思うように食事ができない！ どうする？

解決、大丈夫！ ひと口サイズなどにして食べやすくします

認知症の方には、特に気をつけないと…
MILK

- その人に合った食事形態は、口内や腸などの機能保持と健康を保つために大切です。病気を予防したり、病気から回復する力をつけたりすることにもなります。
- ひと口サイズにしたり、切り方を変えたり、流動食にしたり、とろみをつけたり、ゼリー状にしたりするなど、嚥下や咀嚼状態に応じた調理をします。
- 高齢者ソフト食なども利用するとよいでしょう。

食事形態の把握

高齢者は食べ物の味やにおいを感じる感覚が低下し、飲み込む力も弱くなってむせることが多くなります。内臓の機能も衰えるため、栄養を消化吸収する胃腸の働きが鈍くなり、十分な栄養をとりにくくなってきます。

●調理の工夫

普通食	咀嚼、食塊形成、嚥下機能が正常な方向きの食事。
きざみ食	義歯が合わない方、噛み合わせがうまくできない方、開口障害のある方の食事。
ミキサー食	飲み込むことが困難な方の食事。食べ物の形状を残さないペースト状の食事。
高齢者ソフト食	口への取り込み、食塊形成、移送、嚥下がしやすい食事。しっかりと形がある。

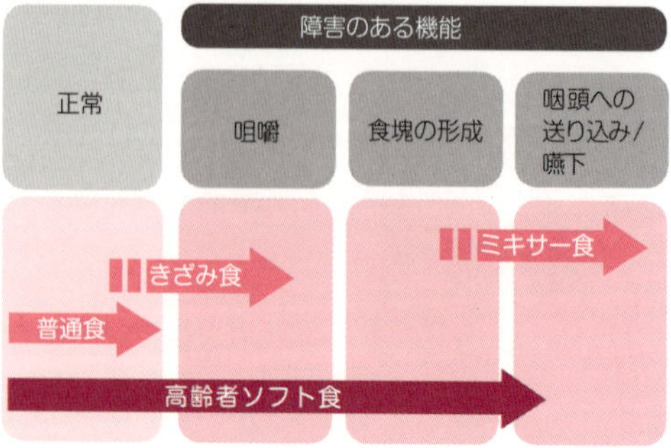

服薬管理

高齢者については、医師より処方される薬の種類も多くなり、食後薬や食前薬とか、その他、服用の方法が複雑になる傾向があります。また、若い人の2倍以上も薬の副作用を起こしやすくなります（P.116参照）。

間違いやすい服用のしかた

○一部の薬を飲み忘れる。
○同じ薬を重ねて飲む。
○薬を取り違えてしまう。
○自分の判断で間引いて飲む。
○服用時間を間違える（朝夕の薬を取り違えるなど）。

飲み方と副作用

○高齢者は内臓の働きが低下し、慢性疾患にかかっている方も多く、医師、薬剤師、看護師、ケアスタッフが協働して、服薬のリスクを抑える対策を講じます。
○薬を飲むときには必ず口に入れたこと、飲み込んだかを確認します。
○錠剤を口から出したり、飲み込むことが難しいときには医師の了解のもと、つぶすなどの工夫をしてみます。
○副作用の前兆はないか、相互作用はないかなどについてもチェックします。また、薬の飲み合わせや副作用に注意します。

飲み（食べ）合わせ例

＊薬とアルコール＊薬と牛乳＊降圧薬とグレープフルーツ＊薬とコーヒー・茶＊薬と清涼飲料水＊水虫の薬と高脂肪・高たんぱく食品＊降圧薬と塩分の多い食事＊糖尿病と高血圧症の薬＊睡眠薬と胃腸薬＊抗アレルギー薬と抗生物質＊抗生物質と漢方薬

報告・引き継ぎをスムーズに

GooD 対応！

正確に、テキパキ！

介護のポイント

- 利用者の身体状況などの報告・引き継ぎをする申し送りは、勤務交代のときに行なわれます。次の介護業務を左右するので、正確かつ迅速に行ないましょう。
- 情報を共有する申し送りは、業務における最重要項目の一つです。
- 勤務時間内で起こった事象を報告漏れのないよう簡潔にまとめ、聞き手にわかる言葉で伝えることが重要です。
- 業務につく前に利用者の前日や夜間のようすを把握することは、生活援助を行なう際にたいへん重要です。把握して

了解しました。
お疲れさまでした
これはNG！
話が長くて
要領を得ない。

おくことにより、生活場面での「気づき」を増し、体調変化などの早期発見・対応につながります。

- 申し送りは限られた時間内で行なわれるので、集中して大切なことを聞き逃さなようにします。
- リーダーは内容とともに時間配分にも注意しましょう。
- スタッフの経験や能力にはばらつきがあります。施設や各セクションで統一された申し送りの構成内容基準を作成するとよいでしょう。

Case その1 報告するとき

Aさんの場合 整理が十分にできなくて
ダラダラ長くなってしまった！ 困った！

解決、大丈夫！ 事前に報告することをまとめ
簡潔に要領よく報告をします

- 事前に報告する情報を頭の中で整理し、申し送る内容のポイントを絞っておきます。
- 記録の記載事項や特に異常のない内容、受け手が事前に把握できていることは省略します。
- 受け手の認識の一致が大切。正確にわかりやすく伝え、理解が得られたかの確認をします。
- 先輩がどんな方法で申し送っているか観察し、模倣から始めるのもよいでしょう。

Case その2 引き継ぎのための連絡のとき

Bさんの場合 トラブルの状況説明でわかってもらえたか不安だ！ どうする？

○○さんが昨夜○時ごろ、
トイレに立ったとき…。
介護記録

※5W1H…Who だれが／What 何を／When いつ／Where どこで／Why どうして／How どうやって

解決、大丈夫！ きちんと伝えることができると的確な処置につながります

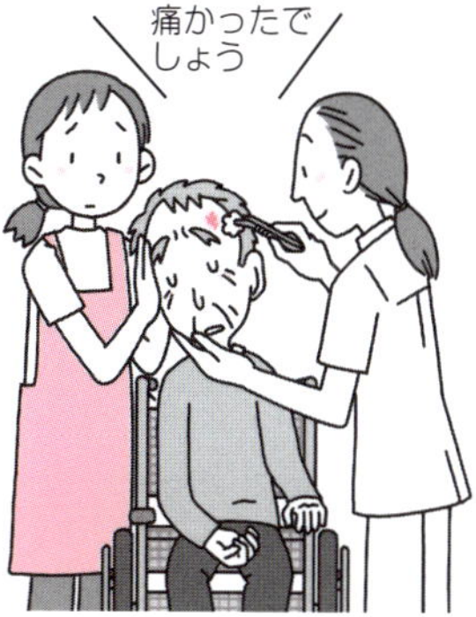

- 次の業務に生かせる内容を受け手に正しく伝えるようにします。
- 5W1Hを押さえて報告しましょう。報告だけではなく書類やプラン作成などあらゆる場面で必要になるので理解しておきます。
- ケース記入のときには、本人のようすや状況、対応など記載しておきます。

業務上 知っておきたいこと

他職種との連携

日々の利用者の情報はスタッフの口から口へと伝達されていきます。業務の円滑な遂行のためには、他の職種との連携が欠かせません。それぞれが役割分担での責任のもとで、客観的な申し送りを行ないます。特に夜間の出来事やヒヤリ・ハット事例、事故などについては的確に伝えることが大切です。また、申し送りに出席したスタッフは、出ることができなかったスタッフに的確に伝えるようにします。

ケアプランについて

ケアプランとは、多くの介護サービスの中から、どのサービスを、どのようにどれくらいの頻度で利用するかという計画です。ケアマネジャーが、定期的かつ必要に応じて情報収集（アセスメント）し、その利用者の担当者会議・ケアカンファレンスの場を設けて作成します。利用者のニーズや家族の意向を含み、個々に応じたサービスの提供となります。また、サービス内容の実施､経過確認（モニタリング）は月１回行ないますが、急激な状態変化があった場合もプランの見直しをします。利用者の変化をキャッチし、他職種と連携を行なうことでよりよいサービス提供へとつながります。

コンプライアンスについて

法令遵守（じゅんしゅ）。法令などを守る、遵守するという意味で、利用者のために社会的規範やモラル・マナーを守ることまでを意味するようになり、コンプライアンスの向上を図ることは重要になっています。

個人情報保護法
個人情報の保護に関する法律

2005年（平成17年）4月に施行され、介護関係にも例外ではなく適用されます。

●個人情報とは

氏名、性別、住所、生年月日などの個人が特定できる基本情報。介護度や病歴、家族構成なども含まれ、診療情報や介護情報など、その方の有利になることのみに使用します。

●個人情報の利用目的

○サービスに関する記録やその他の伝票類への記録
○サービスにおける外部事業者（委託）への情報提供
○本人以外へのサービスの説明（家族、親族など）
○管理上の記録
○保険請求書類に記載
○会計、経理上の処理
○医療機関や介護保険等の事業者への情報提供
○事故などにおける第三者への報告、届出　など

守秘義務について

守秘義務とは、個人の情報は、"特別な場合を除いて"は、第三者に漏らしてはいけない義務のことです。医師や看護師、ケアスタッフなどの医療・福祉関係者などに対して、法律や倫理綱領などによって義務づけられています。必要があって外部と情報を共有する場合は、利用者、家族の了解を得ておかなければなりません。特に認知症の方については、慎重に行なう必要があります。退職した従業者にも適応され、秘密保持義務ともいいます。

個人情報の管理のためにも

個人情報の管理とよりよいケアのために、「㊙個人ファイル（○○さん）」を作成しておき、情報が散逸しないようにしておくとよいでしょう。身長や体重、服薬、緊急連絡先や病歴などをまとめておきます。

プライバシーを守って気持ちよく

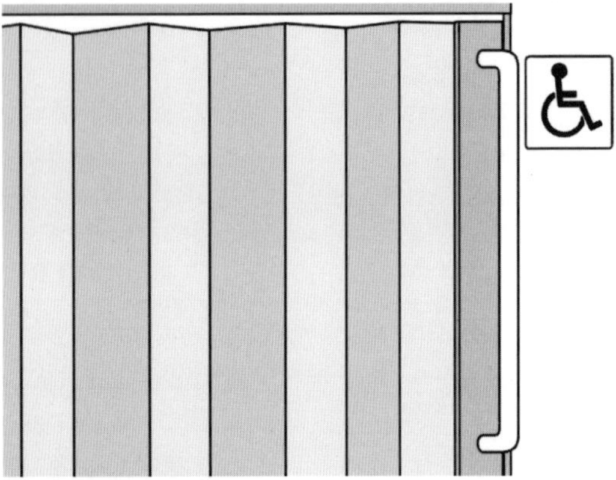

☆介護のポイント☆

- 感染予防のため、介助時はエプロンや手袋を着用し、清潔と不潔の区別をつけ、介助後はすぐ手洗いをしましょう。
- プライバシーに配慮し、自尊心を傷つけないようにこまかな気配りをして介助します。
- ペースに合わせて自力で排せつできるよう手伝います。
- 排せつの記録を作成して排せつの周期をつかむなど、個別の特徴を把握し、スムーズな介助を行ないます。
- 尿や便の状態（色・量・におい・硬さ）、皮膚の状態の観察を行ない、使用ずみ汚物は迅速にかたづけましょう。

これはNG！
ジロジロ見る、せかす

GooD 対応！
さり気なくよう
すをうかがう

- 尿や便に異常がある場合は、医師に記録・保管した物を見せて相談します。膀胱炎や前立腺肥大等が関係していることもあります。
- 誘導の際は、ナースコールボタンの説明も忘れずに行ないます。トイレ後は手洗いを促しましょう。
- 排せつが自力で行なえる方であっても、長時間になっているときは気にかけるようにします。
- 自力で行なえるよう個々の排せつ状態に応じたおむつ（失禁パンツ・リハビリパンツ・パット）を使用しましょう。

Case その1 トイレ誘導をするとき

ケンさんの場合　介助が必要なのに自分で行なおうとして危ない！

解決、大丈夫！　ナースコールの説明を行ない意思表示の合図をしてもらいます

- 言動に注意して、優しい心づかいで接しましょう。
- 転倒リスクのある方には、事前に声をかけてもらい、ナースコールの説明をしておきます。
- 本人の意思表示によって排せつ介助を行ないます。「動きますよ」など声をかけながら行なうと、お互いが楽に安全に行なえます。
- 介助のときは指先ではなく手のひら全体を使います。介護される方に優しく、介助者の力を最大限に活用できます。
- 訴えができない方でも、落ち着きがない、ソワソワしているなどの動作で、排せつの不快感を表している場合があります。そうしたようすを見逃さずにトイレ誘導につなげ、気持ちよく過ごしてもらえるようにしましょう。

Case その2 おむつ交換をするとき

○○さんの場合 排せつ物でお尻がただれて痛そう　どうする？

解決、大丈夫！ 事前に体のことを知っておくとスムーズにおむつ交換ができます

- おむつ交換時は、手順を声かけして、横に向くなど協力できるところはしてもらいましょう。
- 汚れはこすらず適温で洗浄した後、おむつの当たっている部分（腹部、陰部、臀部、そ径部）を適温のタオルで優しく拭き取ります。皮膚状態の観察、交換後の体位交換も行ないましょう。
- ただれや傷があり、塗り薬がある場合は、洗浄後、乾いたタオルで水分・湿りを取り、薬を塗りましょう。
- 交換がスムーズに行なえるように、事前に手の届く場所におむつなどを準備しておきましょう。
- 数回失敗したからといって、おむつにしてしまわないようにします。おむつを使っていてもトイレに行くようにします。

感染予防策

汚物（便、尿、嘔吐物、血液、体液など）に触れるときには必ず手袋を着用し、事後の手洗いを徹底しましょう。感染症が疑われる場合は、手袋、エプロン、マスクなどの着用、標準予防策（スタンダード・プリコーション）の徹底を図りましょう。ケアスタッフが媒介者になる危険性があります。十分に注意しましょう。

尿路感染症

腎臓から尿道までの尿路に起こる感染症で、主なものは膀胱炎と腎盂腎炎です。ウィルス、細菌、真菌、寄生虫などで起こります。

●高齢者の特徴と注意点

○自覚症状に乏しく、排尿時痛や腰下肢痛、発熱など軽微で違和感程度のこともあります。抗菌剤や抗生剤で治療しますが、再発を繰り返して完治は難しく慢性化しがちです。

○洗浄などを行ない、きちんとした手順での保清を行ないましょう。

○頻尿などで、水分を制限して脱水を起こすことがあるので注意が必要です。

○臀部や陰部が湿っていることがあるので褥瘡に気をつけます。また、バルーンカテーテルを装着していると潰瘍になることがあるので注意が必要です。

バルーンカテーテル・ストーマ

バルーンカテーテル（尿道留置カテーテル）は、尿道から膀胱内にカテーテルを挿入して持続的に尿を排せつするものです。

ストーマは、消化管だけでなく尿路もあり、一般には人工肛門のことを消化管ストーマ、人工膀胱を泌尿器ストーマといいます。

バルーンカテーテル

膀胱内に常に入れておく尿道留置カテーテルと、定期的に自分で入れる自己導尿用セルフカテーテルの2種類があります。バルーンパックや排せつ物は収納袋などで外から見えないよう工夫し、本人や周囲への配慮が必要です。

ストーマ（人工肛門）

ストーマの装具は、腸管の出口の大きさにフィットする輪状の皮膚接着面と排せつ物をためておくパウチからなります。パウチにはにおいの防止や音が出にくい工夫などがされています。

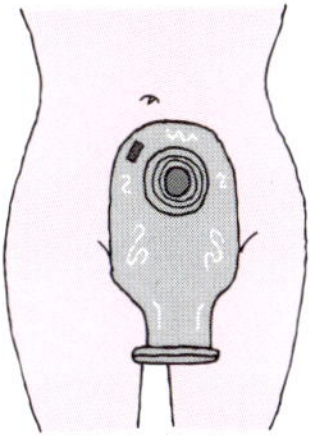

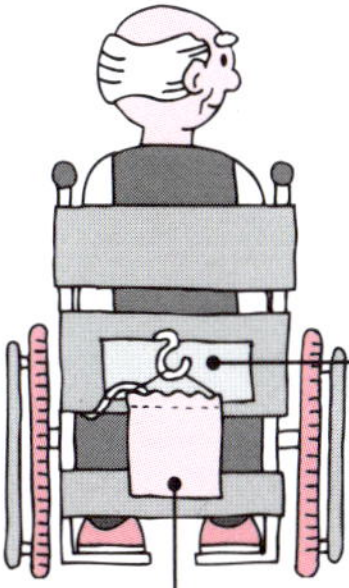

袋を高い位置に付けると排尿障害を起こすこともあるので注意します。

収納袋の工夫・配慮を。

優しく、厳しく、安心の見守り

GooD 対応！
すべての人に目を届かせる

介護のポイント

- ひとりひとりの身体状況（麻痺や認知症など）や動作、行動を把握しておきます。
- アクティビティ（レクリエーション）を取り入れることで、見守るのではなく充実した生活としてのケアにつなげていくようにしましょう。（生活リハビリの強化）
- 限られたスタッフでの常時見守りは難しいため、スタッフ同士で声をかけ合い連携しましょう。
- 死角になる場所などの環境や対応の工夫を行ない、安全に過ごしていただけるように努めましょう。

これはNG！

何かするとすぐ止める

- 危険予測をした見守りで事故回避することが重要です。
- 個々のヒヤリ・ハット事例（P.55参照）、事故報告書などを会議で分析し、リスクに対してどのスタッフであっても対応できるように情報を共有しておきましょう。
- 個別見守りには細心の注意を払いましょう。<対応・工夫例>・声かけによる意識づけ・見守りスタッフの配置の工夫・移動前の安全確認の徹底・巡回の強化や頻回の居室訪問・施設内の整理整頓・センサーマットや滑り止めマットの活用　など

Case その1 車イスでのトラブルのとき

ケンさんの場合 無理な姿勢で物を取ろうとしてひっくり返りそうになった！

困った！

ちょっと待って！

解決、大丈夫！ 危険を察知したときは即座に手を貸します

遠慮せずに
言ってくださいね！

- 高齢者は加齢に伴う身体機能の低下が見られ、行動と思いが一致しないことが多く、気配りと目配りを心がけましょう。
- 車イスの構造や取り扱いをよく理解したうえで、トラブルを未然に防ぐようにします。
- どんなときでも安心して任せてもらえる信頼関係を築くようにします。そのためには日々のコミュニケーションを大切にしましょう。

Case その2 認知症の方に対応するとき

ハナさんの場合 急にイスを引きずってどこかに行こうとした！

どうする？

どちらへ！？

解決、大丈夫！ 本人の行動に配慮した声かけの工夫で安全に行ないます

持ちますよ。
どこへ行きましょうか？

- 突発的な行動であっても、ただ止めるのではなく、利用者が何を思い、どうしたいと思っているかなどを考え、その時々の思いに寄り添った声かけをしましょう。
- 今持っている能力を見つけ出し、手助けをしながら何かをしてもらうということもQOL（生活の質）の向上のために大切なことです。

認知症について

認知症は次のような能力が衰え、不足している状態です。

◯見当識／覚える、思い出す、場所、時間がわかる。
◯理解／物の名前や、生活場面で何をしているのかがわかる。
◯判断・選択・実行／現状を把握し、どのような行動を取ればよいのかがわかる。
◯計算・学習／数を数えたり新しいことがわかったりする。

求められる介護者の姿勢

傾聴して受け止めることが基本です。

◯利用者理解に努める（生きてきた時代背景、家族背景、生活歴など）
◯利用者に関心を持ち、わかろうとする姿勢
◯利用者が相手にわかってもらえると感じることができる姿勢（介護者の表情、声のトーン、動作などスタッフすべての行動に左右されるので注意します）

認知症介護の対応法

「心は生きている」という共通認識が重要です。認知症の方の行動の特徴、対応のしかたについて、まずは本人の思いを受け止めたうえで支援しましょう。時間を置く、統一した声かけ、介助者交替や複数人対応などを行なうことで、気持ちの切り替えや安心感につながります。

行動制限について

安全確保のためにある程度の行動制限はやむをえないとされていましたが、介護保険法の施行に伴い、2000年（平成12年）4月より介護保険施設等で身体拘束は原則禁止になりました。体幹や四肢をひもなどで縛る、介護衣（つなぎ服）を着せる、立ち上がりの制限、ベッドの4本柵などが禁止行為です。「緊急やむを得ない」場合は、家族の了解のもとに行ない、早期解除に向け、さまざまな方法を考えていきます。

●認知症の中核症状と周辺症状

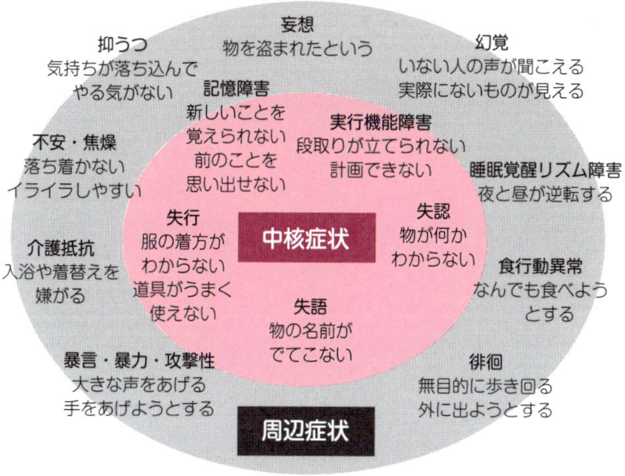
妄想
物を盗まれたという
抑うつ
気持ちが落ち込んで
やる気がない
幻覚
いない人の声が聞こえる
実際にないものが見える
記憶障害
新しいことを
覚えられない
前のことを
思い出せない
実行機能障害
段取りが立てられない
計画できない
不安・焦燥
落ち着かない
イライラしやすい
睡眠覚醒リズム障害
夜と昼が逆転する
失行
服の着方が
わからない
道具がうまく
使えない
中核症状
失認
物が何か
わからない
介護抵抗
入浴や着替えを
嫌がる
食行動異常
なんでも食べよう
とする
失語
物の名前が
でてこない
暴言・暴力・攻撃性
大きな声をあげる
手をあげようとする
徘徊
無目的に歩き回る
外に出ようとする
周辺症状

信頼関係のもとでなごやかに

ご報告は以上ですが、
ご質問はありますか？
GooD 対応！
記録にもとづいて
報告する

介護のポイント

- 利用者の事故防止は最優先課題の一つです。事故防止の取り組みを行ない、双方にとっての不幸な事態の発生を未然に防ぐようにしましょう。
- ミスを犯させる原因も含め、事故原因を究明して取り除き、ミスをしても事故につながらない仕組みを作ります。
- 家族には利用者の身体状況や病気に伴うさまざまな症状が原因で、リスクが伴うことを事前に理解してもらいます。
- 利用者や家族の個人情報が記されている記録書の取り扱いは慎重に行ないましょう。

- 事故が発生したときは、速やかに対象者の状態の把握に努めます。
- 事故があったときの状況を時系列にまとめて報告します。家族に対して謝罪が必要な場合は、施設長からも家族に謝罪してもらいます。
- リスクマネジメント委員会で話し合い、再び同じ事故が起こらないよう検討していきます。
- 事故の場面に遭遇したスタッフのケアも必要です。

Case その1 説明と同意を得るとき

ハナさんの場合 認知度が進んでいることに不満を抱かれたようだ！

困った！

解決、大丈夫！

介護状況を文書で提示して納得してもらいましょう

- 口頭説明や了解だけではなく、記録の提示や報告のたびに署名捺印をもらうようにし、同意を確認しておきましょう。
- 契約時には重要事項説明書などで十分に説明し、納得のうえで締結するようにします。
- 業務上知り得た情報はほかに漏らさないようにします。
- 重要な書類の取り扱いには気をつけ、鍵のかかる場所に保管をして施設で責任を持ちます。

Case その2 リスク説明をするとき

ケンさんの場合 けがの状況説明が不十分で家族に不安を与えてしまった！ どうする？

解決、大丈夫！ 医療処置なども詳細に説明し安心してもらいましょう

- 事故があった場合には、状況説明や対応、医療処置などを詳しく報告します。
- 高齢者にはリスクはつきものであることを事前に理解してもらっておきます。
- 急変・急死される場合もあり、緊急時の連絡先を再確認しておきます。
- 家族の不安を受け入れ、要望も取り入れて、話し合うことが大切です。

ケアカンファレンス

ケアプランを作成するにあたって、要介護者やその家族、介護支援専門員（ケアマネジャー）、介護職、支援相談員、医師、看護師、療法士、管理栄養士などの各担当者がチームを組んで討議する会議のこと（サービス担当者会議）です。要介護者の状態を具体的にアセスメント（把握）し、情報交換をしながらケア内容を見直すことで、ひとりひとりのQOL向上を図ります。

プライバシーの尊重とマナー

不必要な関心と介入をしないようにし、必要なときは利用者や家族の了解を取るようにします。

- ○プライバシーに関することはできるだけ避け、専門職としての話題を提供するようにします。
- ○家族から何でも話してもらえるような雰囲気をつくることも、大切なことです。

家族とのコミュニケーション

介護サービスの提供とともに、利用者や家族からの相談に適切に対応することも大切な業務となっています。最近は、介護についてクレームも多くなっています。日ごろのコミュニケーションで信頼関係ができていると、トラブルが少なくなります。行事などを企画することで、交流・連携の場を大きく広げましょう。

ヒヤリ・ハット

日々の業務の中で、思わず「ヒヤッ」としたこと、「ハッ」としたことを記録し、整理した情報を全体で共有して対応する予防活動です。ヒヤリ・ハットには、転倒、転落、誤薬、誤食、徘徊、自虐、器物破損、急変、利用者間のトラブル、金銭管理トラブル、所持品の紛失や盗難などがあり、実際にトラブルが起きた場合には事故扱いとなります。

事故発生時の対応

- 利用者の心身の状態を確認して応急措置を施し、治療や検査の必要がないかどうかの情報を把握します。
- 看護師などと相談のうえ、必要と判断すれば医療機関で対処します。
- 利用者の家族などに連絡して客観的事実を伝え、場合によっては謝罪します。
- 事故状況を把握し、時間経過に従って報告書をまとめます。

事故、ヒヤリ・ハット報告書

報告者氏名、利用者の詳細（家族連絡状況など）、日時や場所、状況時の行動、発生事項（応急処置も含む）、内容の評価（結果の重篤度など）、処置内容、原因、再発防止処置の必要性などを記します。

みんなと楽しい食事のひととき

介護のポイント

- 目で楽しみ、においを感じ、味や温度などを感じながら食事をとると、五感を刺激する効果があります。
- 噛むこと（咀嚼＝そしゃく）は免疫力や代謝機能の向上につながります。
- 食事の内容（メニュー・形態）を説明しましょう。
- 食事がしやすい姿勢にします。
- のどの動きで飲み込みを確認してから、次の食べ物を口に運びましょう。
- 水分補給にも気を配りましょう。

自分の手で食べてみてくださいね
注意・配慮！
のどの動きを見落とさない

麻痺などがある場合

- 麻痺のある方には体が傾かないようにクッションなどを使い、食べやすい姿勢の保持に努めます。
- 嚥下（飲み込み）機能の状態、咀嚼（噛み砕き）能力などを考慮して、必要に応じた介助をします。
- 誤嚥（気管に詰める）にも十分に気をつけます。
- 麻痺のある方には軽くて小さめのものやリハビリ用変形スプーンなどを利用しましょう。
- 残存機能をフルに使えるように働きかけます。

Case その1 食事中に汚したとき

ケンさんの場合 うまく食べられないで
ポロポロこぼしてしまった

困った！

解決、大丈夫！ 自助具を使うように勧めて
じょうずに口に運べた！

- 衣類などが汚れないようにエプロン、タオルなどを当てておきましょう。
- うまく食べられないときは、できるだけ自力で食べられるようなセッティングや働きかけを行ないます。
- 片麻痺のある場合は口に残りやすいので一度に入れる量を少なくします。
- 滑らない食器などで動かないように工夫します。

Case その2 食事中にむせたとき

ハナさんの場合 むせてとても苦しそう！ どうする？

解決、大丈夫！ 嚥下障害があるハナさんには姿勢をよくしてから介助します

- 食事がしやすい姿勢にしてから介助します。
- 座った姿勢が保てない方は、頭が後ろに反らないようなリクライニングの姿勢にします。あごを引きぎみにすると、咽頭と気管に角度がついて誤嚥しにくくなります。
- 最初のひと口は水分のあるものを飲んでもらいます。食べ物の通過を円滑にして胃液の分泌を促し、誤嚥の防止にもなります。
- 吸い飲みやストローを使用するときは口の横（口角）から含むように介助します。
- 全介助をするときは、何を食べるのか見てもらい、飲み込みを確認しながら介助します。

摂食と嚥下

摂食・嚥下とは、食べ物を前にして口に取り込み、咽頭、食道を経て胃に達するまでのプロセスをいいます。食べ物が胃の中に収まるまでのプロセスでどこに問題が生じても飲み込みがうまくいかなくなります。

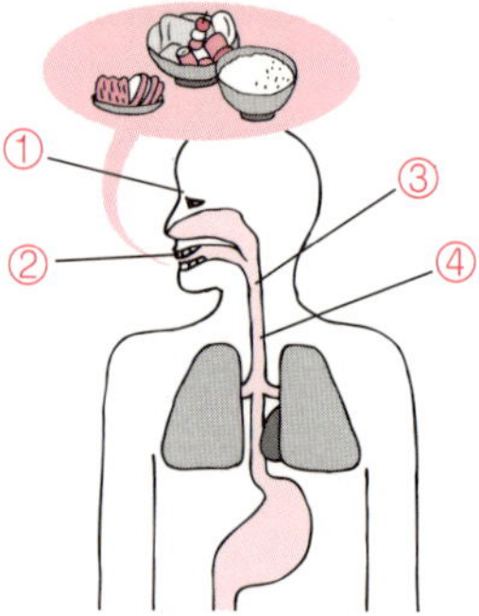

摂食と嚥下のしくみ

①先行期
目や鼻で食べ物がどんなものかを判断する。

②口腔期
口に取り込んで咀嚼し、飲み込みやすくしてのどに送り込む。

③咽頭期
食べ物の塊がのどに触れたら、喉頭が反射的に持ち上がって食道の入り口が開く(嚥下反射)。

④食道期
食道の蠕動運動と重力によって食べ物が食道に送り込まれる。

嚥下障害と食べ物

嚥下障害は、のどの感覚や力が衰えて食べ物がうまく食道へ入らなくなることで、肺炎や窒息による生命の危険もあります。

<飲み込みづらい食べ物>

口の中にはりつく物／餅・だんご、のり・ワカメ、パン
のど越しがよい物／麺類・寒天・ところてん
パラパラの物／せんべい・クッキー、こんにゃく、豆類
固形と水分が分離する物／具入りみそ汁など

食事の姿勢

誤嚥を防ぐうえで姿勢に気をつけることが大切です。

①前かがみの姿勢であごを引き、背筋を伸ばします。
②背もたれがあるイスに深く腰を掛けます。
③テーブルは食べやすい高さにします。
④体とテーブルとの間があき過ぎないようにします。
⑤両足をしっかり床に着けます（着かないときは足台を用意）。

車イスの場合

テーブルは滑らないようにしておき、車イスとテーブルの高さが合うようして、車イスはブレーキを掛けます。

ギャッチベッドの半座位の場合

できるだけ上体を起こし、必要な場合はクッションなどを頭の後ろなどに入れます。

戸外の空気にふれて気分転換

お散歩に来て
よかったですね
これはNG！
ブレーキを
掛け忘れる

介護のポイント

- 歩行は大切な運動であり、日常生活で欠かせないものです。戸外に出る機会を多くしましょう。
- ちょっとの段差でつまずいたり、階段や坂道で転んだりしがちです。介助には細心の注意を払いましょう。
- サイズの合った軽量で滑りにくい靴を履くようにします。
- 歩調や歩幅は必ずその方のペースに合わせ、急に立ち上がるとふらつく危険性がありますので注意が必要です。
- 歩行可能な方や車イスの方も少し歩いてもらいましょう。

車イス走行上の注意点

- タイヤの空気圧やブレーキなどをチェックしましょう。
- 足がフットレストに乗っているかを確認し、手や足がタイヤに巻き込まれないよう注意しましょう。
- 車イスは移動手段に便利ですが、操作に十分な配慮をして、止まっているときは必ずブレーキを掛けます。
- 進む速度が適切か必ず利用者に確認するようにします。
- 操作を誤ると大きな事故につながりかねません。ひとりで介助が困難な場合は応援を頼むようにしましょう。

Case その1 車イスで移動するとき

ケンさんの場合 段差に気がつかないで進みぶつけて驚かせた！

困った！

解決、大丈夫！ 段差があることを伝えてキャスターを浮かせて越えます

- 段差などを越えるという予告をし、確認してからゆっくり段差を越えましょう。
- 介助者からは前方が死角になりやすく、また、狭い通路などを曲がるときには内輪差が生じるので注意が必要です。
- 段差を上る場合には、車イスのキャスター（前輪）やフットレスト（足置き）が引っ掛かりすく、段差の高さに応じてキャスターを浮かせます。

Case その2 戸外をいっしょに歩くとき

ハナさんの場合 ちょっと目を離したすきにどこかに行こうとした！

どうする？

解決、大丈夫！ 手をつなぎながら興味のあることを話しかけます

- 歩調や歩幅はその方のペースに合わせ、手をつないであげると安心して歩くことができます。休憩も入れましょう。
- 進行方向の視界を妨げないようにし、ふらついたときなどにすぐ支えられる位置でつき添うようにします。
- 認知症の方は目を離せませんが、時には行きたい所へ行く行為を妨げることなく見守ってあげましょう。

歩行介助

自分で行きたい所へ行く意欲や QOL の向上が図れます。足腰の弱った高齢者が歩く際には、介助者が手を貸す必要があります。

歩行の種類と介助

○自立…介助・見守りを必要としない状態です（福祉用具を使用することで自立につながります）。
○見守り…歩行中に転倒のおそれがある場合などは、直接体に触れることはせず、ふらついたときすぐ支えられる位置につき添って歩きます。
○介助
＊一部介助…介助者が利用者の手を引いたり腰を支えたりして歩行の安定を保ちます。
＊全介助…歩行できない方は車イスなどに乗って介助者の操作で移動します。

●車イスの種類

○普通型…キャスターが小さく、車輪が大きい一般的なタイプ。
○介助型…主に介助用に特化したタイプ。重量を軽くして介助者が扱いやすく作られている。
○リクライニング式…背もたれの角度を変えられる。座位が十分に取れない障害のある方向け。
○電動タイプ…手許レバーの操作で車輪を駆動する。

介助の方法や杖などについて

介助者は患側（杖を持たない側）に立ちます。前倒れ・後ろ倒れともすぐ手が出せる位置で介助します。

＜手引き歩行介助＞

○杖は健側に持ち、杖→患→健の順で歩行します。

○階段の上りは一歩後ろから介助します。（杖→健→患）

○階段下りは一歩前から介助します。（杖→患→健）

＜杖の種類＞

杖には種類があり、本人の状態にいちばん合った物を選ぶとよいでしょう。杖の先には必ずゴムの滑り止めが付いている物を選びます。

①Ｔ字杖・②松葉杖・③ロフストランド杖・④四脚杖（四点支持杖）などがあります。

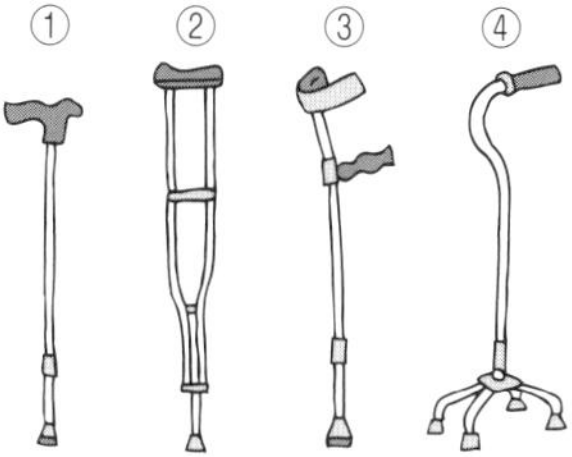

＜歩行器＞

足が不自由な場合の移動を助けてくれます。自分の足で歩き、筋肉の衰えを防ぐことができます。さまざまな種類があり、体の状態に合ったものを選ぶようにします。

和気あいあいとした雰囲気で

アー、コリャコリャ
それまつりだおどれそれそれ
GooD 対応！
いつも明るく
笑顔！

★ 介護のポイント ★

- アクティビティ(レクリエーション)はQOLを向上させるためには欠かすことのできない活動です。仲間になって楽しめば人間関係がスムーズになり、リハビリ効果も上がります。
- ゲームなどの間に自己紹介をするなどして、参加者同士の交流を深めましょう。
- レクリエーションをするときは、ひとりでも多くのスタッフが参加し、いっしょに楽しむことが大切です。
- 恥ずかしがる参加者には無理強いしないようにします。
- 座るときは互いに顔が見えるような配置にし、打ち解けた

これはNG！
無理強いをする

雰囲気を演出しましょう。

●相手と向かい合って手をしっかりと握る、それだけでも有効なコミュニケーションになります。

●リハビリをアクティビティの中で実践します。中でも歌やリズムは最適です。口唇や舌の運動機能の改善、認知の訓練、呼吸や発声の訓練になります（音楽療法）。

●だれにでもできる簡単なものにし、それぞれの体力に応じた時間の配分や活動量を把握しておきましょう。水分補給のタイミングや疲労のぐあいなども見逃さないようにします。

Case その1 個人対応が必要なとき

ハナさんの場合 みんなの輪に入れなくて いっしょに参加しようとしない

解決、大丈夫! 無理に参加させようとしないで ゆっくり気持ちを向けていきます

- 状況に応じて1対1で対応します。その気になったらグループに入るよう誘導しましょう。
- 思い出話が出たときは肯定的な視点でとらえ、傾聴、受容、共感の態度で臨みます。
- 編み物や手工芸、カラオケや映画会、ゲームなどのアクティビティを作業療法として取り入れましょう。
- 精神機能の向上や対人関係や作業能力の改善を試みます。

Case その2 生活リハビリに取り組むとき

ケンさんの場合 はりきりすぎて疲れさせてしまった！

どうする？

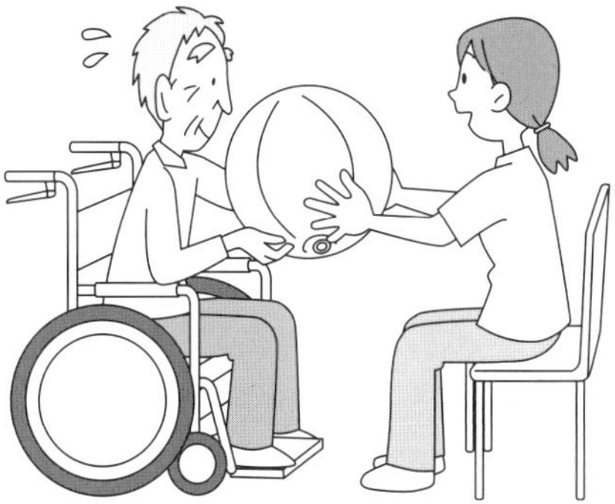

解決、大丈夫！ 励ましの声かけをしながら少しずつ機能を向上させます

- ひとりで黙々とするより声かけをすることで大きな励みになります。根気よく介助します。
- 夢中になってずり落ちそうな姿勢にならないように、車イスや片麻痺の座位姿勢に気をつけましょう。
- 安全のためにフットレストから足を降ろして行ないます。
- 車イスに不慣れな初期から回復期まで段階に応じてアクティビティを工夫しましょう。

アクティビティを始める前に

スタッフ間できちんと打ち合わせをしましょう。医師や看護師、ケアスタッフなどと参加者の体調やプログラムの内容について検討します。

●どんなときも笑顔で

いちばん大切なことは笑顔です。楽しい雰囲気をつくりだして、場を明るくするように努めます。

●説明はきちんと

目的を説明してどんなことをするか伝えましょう。参加者が納得でき、不安が取り除かれます。

●名前を呼び合う

事前に参加者の顔と姓名をしっかり頭に入れておきます。スタッフも参加者も名札を付けて自己紹介をしましょう。

●声をかけましょう

出席を取るときはフルネームで呼びましょう。気づいたことがあればひと言添えます。

●準備運動をする

アクティビティによっては日ごろ使わない筋肉を使う場合があります。心身をほぐす意味でも簡単な準備運動をします。

※何となく元気がない場合はどこかぐあいが悪いのかもしれません。無理をしないようにし､途中でぐあいが悪くなればやめるようにします。

地域交流とボランティア

施設と地域交流

地域の子どもたちやボランティアの参加を呼びかけましょう。近年では「地域の中の施設」としてとらえてもらえるよう、事業所全体で地域とかかわっていくことが大切とされています。子どもたちも高齢者との交流が必要とされています。

○施設で開催される行事への参加の呼びかけ
○園児や児童の訪問の機会の設定
○地域の催しへの参加

これらを積極的に行なっていきましょう。また、スタッフによる介護教室の開催なども地域の交流としては必要なことです。

ボランティアの受け入れ

●希望者の面接を行なって適性を確認しましょう。
●ボランティアさんとの約束事を取り決めておきます。(車イス移動だけで、車イスへの移乗をさせてはいけない　など)
●活動には、介護補助業務、話し相手、音楽や演劇、書道や手芸などがあり、ボランティアさんの力を借りましょう。

より安全、快適にお風呂を楽しむ

GooD 対応！

湯加減を見ておく

★ 介護のポイント ★

- 本人に入浴する意志を尋ね、プライバシー配慮と安全を確認し、本人やスタッフ間で声かけをしながら介助します。
- 入浴前にはできるだけトイレを済まし、タオルや着替えを準備しておきます。
- 入浴は体力の消耗を伴うため、入浴後に体調を確認し（血圧・体温の測定　など）、皮膚などの異常の有無を観察します。
- 体調不良のときは、洗面器などを用いて手や足だけでも洗いましょう。
- 入浴後には十分に水分補給しておきます。

入浴事故防止のために

- 温度調節は温度計やみずからの皮膚感覚でも確認します。38～40度くらいにして長湯には気をつけましょう。
- 脱衣場や浴室の室温を確認しておきましょう。
- 入浴中に体調に変化が起きたり気分が悪くなったりしたときは、医師や看護師に連絡して対応します。
- 浴槽での入浴が困難な場合は、シャワー用のイスなどに座って、お湯を掛けながら洗います。
- 浴槽内では、十分な見守りが必要で、スタッフ間の連携を行ないましょう。

Case その1 入浴中にのぼせたとき

ハナさんの場合 体調の確認が不十分でのぼせてしまっていた！

解決、大丈夫！

浴槽からすぐに出て寝てもらいましょう

- 入浴は体に負荷がかかります。浴槽から出てもらい看護師の確認をもらい、落ち着けば水分補給をします。
- 浴槽内で体がずり落ちたり、耳や口にお湯が入らないように注意するなど、入浴中は十分な見守りをします。
- お湯の温度、水位 (お湯の深さ)、入浴時間などには細心の注意を払いましょう。
- 慢性疾患のある方は長湯は禁物です。急激な血圧変動には注意が必要です。
- 血圧下降の原因となるような食後の入浴、入浴中の急激な起立は避けるようにします。
- ちょっとした打ち身で皮下出血を起こしやすいので注意します。脳梗塞を起こした方は服薬（血液が凝固しにくい薬）で特に出血が多く見られます。

Case その2 入浴中に事故があったとき

ケンさんの場合 湯加減を確認しないで熱い湯をかけてしまった！ どうする？

解決、大丈夫！ 保温を心がけながら患部にしばらく冷水に当てます

- 患部を冷やしてようすを観たあと、医師の指示を仰ぎます。
- 適温と思われる温度でも保温のために１か所にずっとシャワーをかけ続けると低温やけどを起こすことがあるので注意しましょう。
- 入浴中の事故の多くは高血圧や動脈硬化に伴う体の変化です。心臓、脳、血管に影響を及ぼすため、体調の確認と管理をするようにしましょう。
- 冬季に浴室事故が増加するのは浴室と脱衣所との温度差による血圧の急激な変化なので気をつけます。
- 入浴中の意識障害を認めた場合には溺没を防ぎます。浴槽から出してからは、仰臥位にして呼吸を確認します。救急車を要請し、医師の指示のもとで応急手当を行ない、救急隊の到着を待ちます。

皮膚観察

皮膚には体の不調を示す多くのサインが出るため、見逃さないようにしましょう。入浴時は体調の変動に留意しながら、皮膚観察を行なうようにします。

皮膚の状態

- 皮膚や舌がカサカサしている場合には脱水が疑われます。ひどくなると意識障害も発症します。
- 心臓や腎臓の機能が低下して、体の中に不要な水分がたまるとむくんできます（浮腫）。
- 高齢者の場合、水分だけでなく皮膚の油分も減少します。そのために皮膚のきめが粗くなり、かゆみが出る「皮脂欠乏性湿疹」が見られます。
- 褥瘡（床ずれ）は、寝たきりなどで一定の場所に圧迫がかかり続けることで皮膚組織が死んでしまうために起こります。入浴や着替えの際によく観察しましょう。

皮膚の病気

いわゆる皮膚病と、全身性の疾患を反映した皮膚の病気があります。皮膚だけの変化なのか内臓からきている病変なのかの判断に迷うときは専門医に相談しましょう。

入浴の方法

個々の状態に合わせて、一般浴、シャワー浴、機械浴があります、感染病予防のため、特殊浴槽・入浴器材・備品などを毎回きれいに洗浄、消毒を行ないます。

転倒予防

高齢者は身体機能の低下により、つまずいたり、よろけたり、滑ったりしやすく、介護上でいちばん多いのが転倒事故です。特に入浴中には、お湯や石けん、すのこなどで滑って転倒する事故が多く起きています。

高齢者の転倒

若いころのようにとっさに防止ができなくなります。骨折につながることが多く、足腰の筋力が弱くなり、そのまま認知症や寝たきりになることもあるため十分な注意が必要です。

転倒予防の介助

- 浴室では滑らないように手と腰を軽く持って支えるようにし、声かけをしながら介助します。
- 片麻痺のある方の浴槽の出入りにはイスを使います。イスに座って健側の足から湯船に入れ、次に患側の足を入れます。出るときも同様にします。

浴室の整備例（図）

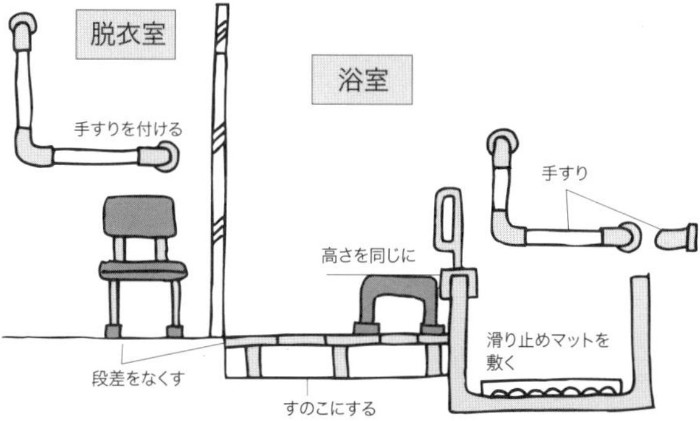

慌てず、すばやく、冷静に対応

★ 介護のポイント ★

- 急変時こそ冷静に対応することが大切です。楽な姿勢を取ってもらうなど、落ち着いて行動します。
- 自分ひとりで判断しないで、人に協力を仰いで対応します。
- 日ごろから緊急時の対応マニュアル（施設内連絡網など）をまとめておきます。
- 病院の電話番号などをわかるようにするなど、緊急時に素早く対応できる連絡体制をとっておきます。
- 利用者の健康の状態（平熱、血圧、病気、既往歴、服薬など）を把握し、事前に予測される状況を把握しておきます。

※救急時に際しては必ず医療職に相談します。

大丈夫ですよ、安心してくださいね
GooD 対応！
落ち着いて判断する
これは NG！
パニックになる

観察のポイント

- どこから出血しているのか、どこを打ったのか、どのように苦しんでいるのかなどをチェックします。
- 意識はあるか／耳元で声をかけ肩をたたいて確認します。
- 呼吸はしているか／口や鼻に耳を近づけ、呼吸があるかを確かめます。
- 脈はあるか／手首・そ径部・首の動脈に指を当てます。
- 顔色はどうか／顔色不良が見られた場合は寝かせます。
- 体温はどうか／熱がある場合は冷却します。
- 手足は動くか／骨折などの場合は触れないようにします。

Case その1 高い熱が出たとき

○○さんの場合 熱が出て顔がほてって苦しそう どうしらいいかしら

落ち着いて意識状態やバイタルをチェックします

- 意識状態やバイタルをチェックし、38度Cの発熱で他の症状がなく、寒気もなければ、氷で冷やしたタオルでわきの下などを冷やします。症状がよくならなければ医師に相談します。看護師との連携を心がけ、水分補給に気をつけましょう。
- 医師の指示に従って解熱剤を飲ませます。発熱させたまま放置すると、心不全や低酸素血症を生じることがあります。
- 高熱（39度C～）であれば急を要するので迅速に対応します。誤嚥を含む肺炎、尿路感染症などが考えられます。
- 頭痛やたん、むせ込み、嘔吐、腹痛の有無、背中などの褥瘡、尿の色などを確認します。

※高齢者の場合には体温調節がうまくいかずに熱が上がることがあります。適切な室温にする、掛け物や衣類を薄くする、冷やすなどで対応します。

※救急時に際しては必ず
医療職に相談します。

Case その2 食べ物を吐いたとき

○○さんの場合 少し前まで元気だったのに
食べた物を吐いてしまった！

どうする？

解決、大丈夫！

意識がない場合はすぐに医師を呼び
吐いて落ち着けば水分補給をします

- 意識がない場合などは、気管に吐いたものが入らないよう、横向きにして吐物が口に残らないようにします。
- 意識があれば、ほかの症状（痛み、不快感、おなかのはり、便秘　など）を確認します。
- 医師には症状とともに保管しておいた吐物（食物残渣(しょくもつざんさ)や鮮血など）を提示しながら説明します。また、その日に食べた物などの報告も行ないます。
- 繰り返し吐く場合は、体力の消耗も考え、水分がとれないときには点滴も必要となります。すべて医師の指示のもとに観察が必要となります。
- 吐物に関しては、まず感染を考え、標準予防策を適用します。

Case その3 転倒してしまったとき

○○さんの場合 つまずいて転んだ○○さんをすぐ立たせようとしたが…

困った！

だいじょうぶですか
立てますか？！

解決、大丈夫！ いったん横になってもらってどこを打ったかを確認します

どこか
痛いですか？

- 横になってもらい、どこを打ったかを確認します。痛がっていなくても、十分にようすを観察します。
- 痛みのぐあいを確認しながら、打ったところを静かに動かしてみます。スムーズに動かすことができれば打ったところをシップなどで冷やします。
- 骨折などの可能性がある場合、痛みの度合いや部位によっては受診します。

※救急時に際しては必ず
医療職に相談します。

Case その4 食べ物をのどに詰まらせたとき

○○さんの場合 何かを口にしたとたんに
急に苦しそうな顔になった

どうする？

解決、大丈夫！ 背中をたたいてあげると
詰まりが解消して楽になった

- 呼吸ができていれば詰まった物を背中をたたいて取り除きます。咳は異物の除去には効果的なので、咳が可能であればそのままようすを見ます。
- 顔色や唇の色が変わった場合は呼吸ができていないので一刻も早く対応しましょう。
- 気道に入ると窒息して放置すれば死に至ることがあります。すぐに救急車を呼び、状態を知らせて指示を仰ぎます。

見守りと確認で体によい食事

注意・配慮

手洗いの促しをする

☆介護のポイント☆

食中毒・感染症の予防

- 食中毒予防の３原則「食中毒菌をつけない、増やさない、撃退する」を守りましょう。
- 調理時や食卓につく前に必ず手を洗いましょう。
- 清潔な手で、清潔な器具を使い、清潔な食器に盛り付けましょう。
- 調理前の食品や調理後の食品は室温に長く放置しないようにし、温かい料理は 65 度C以上、冷やして食べる料理は 10 度C以下を目安にします。

GooD 対応！
連携で喜んで食べてもらう

低栄養や異食行為などについて

- 高齢者の健康維持には栄養管理が大切です。食欲がない、食べられない、栄養不足には気をつけましょう。
- 認知症の方に多く見られ異食行為は、誤嚥やのどを詰まらせる危険性があるので、見守りや適切な援助によって改善するようにします。
- 食事摂取チェック表を作成します。食事量や偏りなどをチェックし、バランスの取れた食事の把握に心がけましょう。異常が見られた際には医師の判断を仰ぐのに役だちます。

Case その1 感染症予防に手洗いをするとき

ハナ＆ケンさん 手洗いがぎこちなくて きれいになっているか心配！

困った！

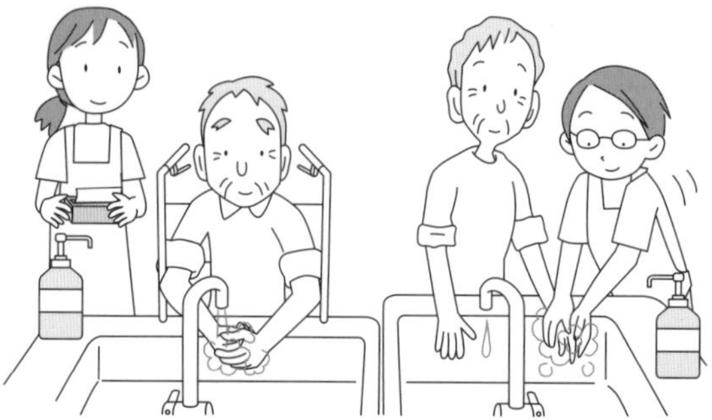

解決、大丈夫！

感染経路を断つために 手指の洗浄を念入りにします

- 食事前には必ず手を洗います（おしぼりで拭く）。
- 感染源を広げないためには、手洗いと手指の洗浄と消毒が基本です。スタッフが食中毒病原体の媒介にならないよう注意します。
- うがい、手洗い、口腔清拭を行ない、口の中に何も残っていないことを確認します。
- 残り物やゴミの処理は、的確に迅速に行ないましょう。

＜食中毒菌のいろいろ＞

○サルモネラ・ノロウイルス・腸管出血性大腸菌O -157
○腸炎ビブリオ・黄色ブドウ球菌・カンピロバクター
○ウェルシュ菌・セレウス菌・ボツリヌス菌　など

Case その2 食欲がないとき

ハナさんの場合 どんなメニューを出しても食べることに関心を示さない！ どうする？

解決、大丈夫！ 管理栄養士にも相談して効率的な栄養摂取を試みます

- 低栄養状態になると、生活自立度の低下や要介護度の上昇につながるため、食欲を高める対策を講じます。
- 消化吸収のよい高栄養食品(補食)を使うのもよいでしょう。
- 食欲の有無や摂取の量、水分摂取量、時間などをよく観察しましょう。
- 食欲減退が長引くなどの異常があれば、医師に相談するようにしましょう。

Case その3 異食行為に気づいたとき

ハナさんの場合 目を離したすきに花を口に入れてしまった！

解決、大丈夫！

空腹の有無を確認して好きな食べ物との交換などで対応します

- 異食行為とは人が通常食べ物としている物と異なる物を食べる問題行為のことで、自分と世界とのつながりを口に含むことで確認しようとする行為です。
- 異食行為を見つけた場合に、取り上げたりすると問題行動はさらに増します。好みの食べ物やおやつと交換するなどして対応しましょう。
- 手の届く所に口にしそうな物を置かないようにします。ひとりでも異食行為がある方がいると、周辺に何も置けず部屋が殺風景になりがちなので壁に絵などを飾るなどの工夫をします。
- 異食行為につながる行動を事前にキャッチしおきましょう。

＜異食物＞紙くずや花、土、ごみ、おむつ、補聴器（電池）、石けん、漂白剤、便などを口にします。

食中毒・感染予防

高齢者は体の抵抗力が弱く、慢性疾患の方もいることから、少量の菌でも食中毒になりやすく、症状も重くなりがちです。

感染予防と手洗い

一般的に「つけない、増やさない、やっつける」を3原則とし、食物に細菌が生育して食中毒になるのを防ぐ方法を食中毒予防の3原則といいます。感染性胃腸炎の主な原因物質であるノロウイルスなどに汚染されないように、衛生環境や手洗いで予防するようにしましょう。

●手洗いの要領

感染予防の基本は「正しい手洗い」です。石けんなどを使ってもみ洗いをすれば、ほとんどの菌やウィルスを除くことができます。手のひらだけでなく、指先や指の間、手首など洗い残しのないように洗います。

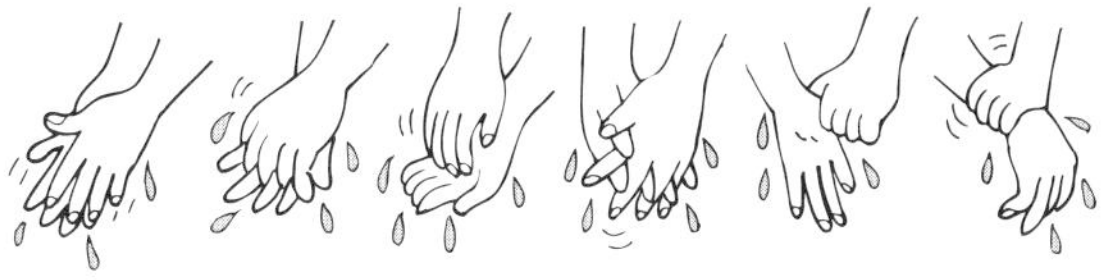

手のひらも　手の甲も　指先も　指の間も　親指はねじるように　手首も

心身をおだやかにして就寝の準備

★介護のポイント★

- 夕食後、排せつや洗面、口腔ケアをすませるなど、安らかな入眠を促すために一連の介助を行ないます。
- 体調チェックを行ない、それぞれの生活習慣に合った方法で、就寝までの時間を過ごせるように支援します。
- 就寝に向け水分補給を行ないます。刺激のある飲み物ではなく、体が冷えて眠れない方には温かく飲みやすい物を飲んでもらいます。保温効果にもつながります。
- 利用者の就寝時間やトイレのサイクルを事前に把握し、睡眠妨害にならないように努めましょう。

ゆっくりしてから
休みましょうね！
これはNG！
刺激を与えたり興奮
させたりする

●口腔ケアで磨き残しをチェックしておきます。粘膜や舌は細菌が繁殖しやすいので、介助しながらていねいにケアしておきましょう。
●認知症の方が拒否するときは無理強いしないようにします。介護者も一緒に歯磨きをして見せるという方法もあります。寝たきりの方は口の中や周りを湿らせたガーゼやスポンジなどでふき、可能ならばブラッシングしてみます。
●就寝介助のときは、室温や足元灯の確認をし、NC（ナースコール）の説明も行ない安心・安全につなげましょう。

Case その1　口腔ケアで介助が必要なとき

○○さんの場合　いつも自分で磨いているがチェックしたら磨き足りなかった！

困った！

解決、大丈夫！

口腔から義歯（入れ歯）の洗浄まですみずみまできれいにしてあげます

- 片麻痺のある方は嚥下障害、構音障害、失語症なども併せて残ることが珍しくありません。口の中では筋肉の動きや感覚が低下し、麻痺側に食べかすが残っても気づきにくくなるため、その方に合った方法で介助しましょう。
- 義歯（入れ歯）の表面に細菌や汚れが付着します。また、金具付着部位は特に汚れやすいので、念入りに洗浄しておきます。
- 歯のない方やうがいの難しい方の口腔ケアには粘膜用ブラシなどを使います。口の中の食べかすや舌の汚れを少量の水で湿らせて絡み付けるようにして取ります。

※口腔ケアグッズ…U字型タライ・コップ・歯ブラシ・口腔ケアスポンジ・舌ブラシ・歯磨き粉・うがい薬　など

Case その2 うがいや歯磨きをするとき

ハナさんの場合 手入れを嫌がって口を開こうとしない！

どうする？

解決、大丈夫！ 用具などもひと工夫して声かけをしながらケアをします

- 無理に口を開かせようとしないで根気強く声かけをします。
- 痛みでケアを嫌がることもあり、口内炎などを点検します。
- 顔や口の周りをマッサージして筋肉をほぐし、緊張を取り除くようにしましょう。
- うがいもして口腔内をすっきりさせます。洗口剤を飲まないよ注意して行ないます。
- 歯磨き剤と間違えるような物は置かないようにします。

Case その3 ベッドに行こうとしないとき

〇〇さんの場合 眠くならないために いつまでもぐずぐずしている！

困った！

解決、大丈夫！

温かいお茶などを飲んでもらい 話をしながらベッドに誘います

●話し相手をしながらしばらくようすを見ましょう。
●歳を重ねるごとに１日の睡眠時間が減るのはしぜんなことです。工夫することで睡眠の質を改善するようにしましょう。
●昼と夜のめりはりをつけることが大切です。日光浴や適度な運動などで快眠状況をつくるようにします。
●認知症が進行して寝ないで徘徊がひどくなってくるような場合は、入眠薬の使用を検討したほうがよいでしょう。
●入眠薬を服用後に歩くとふらつくことがあるので、転倒に気をつけます。
●病気やその服薬で睡眠障害の場合もあります。医師との連携で解決するように努めましょう。
●家族の方にも最近の報告を行ないましょう。

高齢者と睡眠

加齢に伴う脳の変化や疾患などで寝つきが悪くなります。快適な睡眠環境を整え、やむを得ないときだけ睡眠薬を使用します。

高齢者と睡眠障害

高齢者の睡眠は、主に次のような特徴があり、このほかに昼夜逆行や覚醒維持困難（居眠り）、多夢などがあります。

◎入眠障害／ベッドに入ってから眠りにつくまでの時間がかかる。

◎中途覚醒／夜中に何度も目が覚めてしまい、その後なかなか眠れない。

◎早朝覚醒／早い時刻から眠くなり、朝は早く目が覚める。

不眠の原因と解決

●眠れなかったらどうしようかという不安があり、眠れたという充足感が得られるようにします。

●疼痛性疾患や神経疾患などの疾患による場合にはその治療を優先します。

●薬や嗜好品による場合には服薬調整や嗜好品の検討を行ないます。

睡眠薬の使用

入眠薬（眠りにつかせる）や睡眠薬（深い眠りにつかせる）があり、向精神薬を使用することもあります。睡眠薬というと副作用や習慣性を心配しがちですが、睡眠障害よりは望ましいので医師の指示で安心して使用しましょう。

心地良い環境で楽しい夢を

☆介護のポイント☆

- 日勤帯から申し送られた内容を確認し、入眠状態や身体状況、安全確保などを時間帯を守って行ないましょう。
- 認知症や疾患のある方については、24時間のようす観察表を事前にチェックし、睡眠状況などを把握しておきます。
- イブニングケアの段階でも排せつがない方には、最初の巡回で排せつの有無を確認し、必要であれば介助します。
- 認知症の方の夜間徘徊は転倒、転落のリスクが高いので十分な見守りをしましょう。
- 体位交換（変換）を必要とする場合は適切に行ないます。

GooD 対応！
環境を整えて
眠りを誘う
これは NG！
水分補給を忘れる

転倒予防などのために

- 声かけや見守り、安全確認を徹底しましょう。
- 居室や廊下、トイレなどの危険な箇所（コンセントや障害物など）の確認をしましょう。
- 夜中や夜明けに目が覚めてベッドから転倒（転落）することが多いので特に注意しましょう。（※低床ベッドにするなど）
- トイレに行くときには寝起きでふらついたりする（入眠薬を服用している方は特に注意）ので車イスを使います。
- 夜勤者は、事前の危険箇所確認を。

Case その1 夜間に巡回するとき

ハナさんの場合 一見すると何事もなかったが あとで急変して慌てた！ 困った！

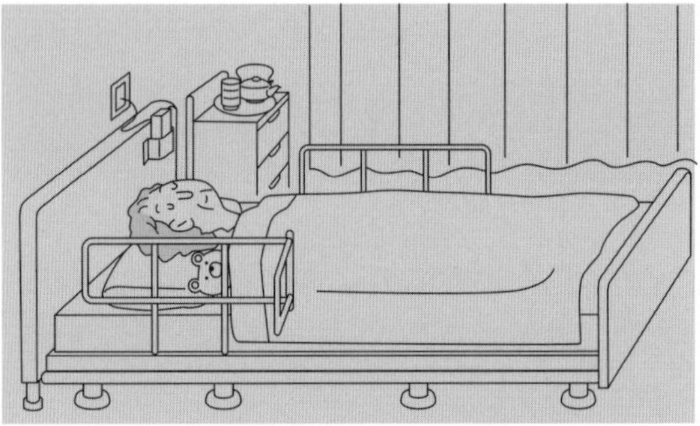

解決、大丈夫！ 転倒予防などのために夜間の見守りは大切です

●決められた時間帯を守って巡回し、居室に入って呼吸などで入眠状態を確かめます。

●高齢者は運動量が減るとともに体の代謝量も減るために眠りが浅くなります。睡眠の妨げにならないよう、足音などを立てないように注意します。

●起こしてしまった場合には、声かけをして安心してもらい、場合によってはこのときに水分補給しておきます。

●状態に異常が見られたら、それぞれの状態に応じた対応を行ないます。必要であれば他の夜勤者と相談しながら落ち着いて対応しましょう。緊急な場合はオンコールで医師や看護師の指示のもとで応急手当てを行なったり、救急車を手配したりします。

●特記事項は日誌や報告書に状況や経過を記しておきます。

Case その2 夜間徘徊をしたとき

○○さんの場合 眠ることができないのか廊下を歩き回っている！

どうする？

解決、大丈夫！ そのままつき添って見守り ようすをうかがって誘導します

- 主に認知症高齢者に見られる夜間徘徊では、その人なりの理由があって歩いているので、しばらく見守ります。
- 無理に寝かせようとせず、気分転換でお茶などを飲みながらゆったり過ごすのもよいでしょう。
- 妄想がある場合には本人の世界を十分に理解し、話に耳を傾け、しっかり受容してあげましょう。

Case その3 体位交換（変換）をするとき

○○さんの場合　背中に褥瘡があるのに自分で寝返りが打てない！

困った！

解決、大丈夫！　血行障害でひどくなるので定期的に体位を交換してあげます

- 体位を交換して褥瘡の予防や進行を防ぎましょう。
- 身体力学の体の仕組みを活用し、最小限の力で動作できるようにします（ボディメカニクスの原理）。ベッドにひざをつくと、腕の力だけに頼らず楽に行なえ、腰痛予防になります。
- 介助が済んだ後、手足の位置や姿勢（患側が体の下に入っていないか）などの安全を必ず確かめましょう。
- 特に寝たきりの方には褥瘡対策が必要です。定期的な体位交換や体圧の分散、専用マットレスの利用などはもちろん、栄養バランスの取れた食事などにも気を配りましょう。
- 加齢とともに筋力が低下すると寝具が体に合わないと安眠を妨げます。睡眠中は体は弛緩した状態になるので、睡眠時の体圧分散を考慮して、褥瘡などを予防しましょう。

Case その4 ナースコール（マット）が鳴ったとき

○○さんの場合 忙しくて手が離せないので コールがあったが後で行った！ どうする？

解決、大丈夫！ どんなときでもコールがあればすぐに居室に向かいます

- 寝ぼけていることもあるので、転倒などに十分に注意してトイレ誘導などをします。
- 排せつ中は外で待ち、終われば合図をしてもらいます。介助が必要であれば手助けします。
- 汚物は迅速に処理します。
- 認知症の方や慢性疾患のある方などについては、24時間のようす観察表を事前にチェックし、睡眠状況などを把握しておきます。

体位交換

利用者に必ず声かけをしてから行ないます。

仰臥位から側臥位の場合

1. まず、膝を立て（片麻痺の場合は健側）、両腕は胸の上に組んでもらいます。
2. 頭を寝返りする方向に向け、腕を寝返りする方向に大きく振ります。（片麻痺の場合は患側の肩を健側の手で引く）
3. 手前に倒すように引き寄せます。

<注意点>

○腕や足などが体の下敷きにならないように気をつけます。

○動かす前に必ず声かけをして不安を与えないようにします。

○シーツ、衣服のシワを伸ばします。

○密着した所にはクッションを挟んで通気性をよくします。

場合によっては、専用シートやクッションを使います。

II ● スキルアップ介護メモ

体に関する症状や覚えておきたい基準値、介護関連サービスなど、気になる「何だったっけ？」が確かめられる備忘録としても役だてましょう。

ケースワーカーの必携情報を整理！！

1 いつもとようすが違うとき　高齢者の心身の観察をする ……………106
2 こんな症状のとき①　排便のコントロールがしにくい ……………107
3 こんな症状のとき②　骨折した ……………108
4 こんな症状のとき③　インフルエンザにかかった ……………109
5 こんな症状のとき④　熱中症にかかった ……………110
6 こんな症状のとき⑤　胃ろうの必要がある ……………111
7 バイタルチェックの留意点①　バイタルサインとは ……………112
8 バイタルチェックの留意点②　脈拍・血圧・体温・呼吸 ……………113
9 高齢者の栄養状態と評価　栄養状態の評価・高齢者と栄養素・低栄養とたんぱく質 ……………114
10 高齢者と服薬管理　服薬のしかた・高齢者の薬と副作用・副作用を防ぐには・医薬品の識別・併用禁忌薬 ……………116
11 長谷川式簡易知能評価スケール ……………118
12 日常生活自立度　認知症性老人の日常生活自立度・障害高齢者の日常生活自立度判定基準 ……………120
13 意識レベルについて　意識レベルの評価法 ……………121
14 介護保険の主なサービス①　介護保険のサービスの手順・施設入所のサービス ……………122
15 介護保険の主なサービス②　介護施設で行なわれるサービス ……………123
16 介護保険の主なサービス③　在宅で受けるサービス ……………124
17 看取り　看取りについて・施設での看取り体制 ……………125
18 ターミナルケア　高齢者のターミナルケア・高齢者のターミナルケアの特徴・ターミナルケアと症状・末期医療と医師との連携 ……………126
19 救急車対応　救急車依頼・手配と流れ ……………127

高齢者の心身の観察をする

目安として65歳以上が高齢者とされ、WHO（世界保健機関）では60～75歳未満が年長者、75歳以上が老年者です。表情や姿勢、言動、歩行、皮膚などの外観の身体観察を行ない、健康状態を判断します。個人差が大きく、年齢の幅にも開きがあります。顔色や表情の良し悪しなど、ふだんのようすを把握して変化を読み取ることが大切です。

■高齢者の体の特徴と変化

外観の変化だけでなく、目や耳、動作や刺激への反応など、体のさまざまな機能に衰えが見られます。

○外観の変化／白髪や薄毛、しわ、歯の衰え、前屈姿勢。
○感覚機能の衰え／視覚や聴覚など五感が鈍くなる。
○運動機能の低下／筋力低下、骨がもろくなる、動作が緩慢。
○内臓機能の低下／感染しやすい、消化吸収力の低下、頻尿。

■高齢者の病気の特徴

○脱水症状を起こしやすい。○病気になりやすく慢性化しやすい。○複数の疾患を持っている。○合併症が多い。○意識障害を起こしやすい。○寝たきりや認知症につながりやすい。○薬の影響を受けやすく副作用が出やすい。

関連プラス

■高齢者に多い疾患

日常的な疾患に、脳血管疾患、衰弱、骨折、認知症、褥瘡、関節疾患などがあります。このほか、老人性難聴、白内障、前立腺肥大症、高血圧や糖尿病、高脂血症などのさまざまな疾患があり、見守りと注意が必要です。

排便のコントロールがしにくい

■高齢者に多い便秘

高齢者は便秘になりやすく、運動不足や食事の不適正、病気、薬の影響、身体機能の衰え、精神的なことなどが原因です。乳酸菌や繊維質の多い食品によって排便を促したり、下剤の投与によって改善したりします。

■下痢には早めの対応と受診

軽くてもほうっておくと脱水症や栄養障害など重い症状につながります。消化吸収能力が落ちているため食べ物によって起きやすく、かぜなどの病気が原因のこともあり、排便のようすなどをよく観察して対応します。

■便失禁

便失禁は、大脳の排便コントロールがうまくいかないことで起こることが多く、便秘と下痢の繰り返しで失禁しやすくなります。直腸や肛門、脊髄の病気、認知症などでも起こります。弄便（ろうべん）につながりやすいので気をつけます。

関連プラス

■腸閉塞（イレウス）

腸閉塞は腸のどこかで腸の内容物の流れが滞る病気です。腸閉塞の多くは腸管癒着が原因で、そのほとんどは小腸で起こります。進行した大腸がんで便秘（閉塞性イレウス）になることもあるため注意が必要です。

骨折した

高齢者の骨折の 95%は転倒によって起こるといわれます。骨粗鬆症（女性に多い）などで骨がもろくなり、つまずいたり、ベッドから落ちたり、ちょっとしたことで骨折します。特に多いのが、次のような骨折です。

■大腿骨頸部骨折（股関節部の骨折）

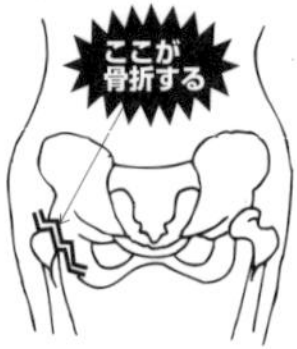

太ももの骨（大腿骨）の脚の付け根に近い部分の骨折です。骨折した直後から脚の付け根の痛みと腫れがあるのが典型的な症状で、歩くことができなくなります（痛み、はれ、熱が出る）。

■上腕骨頸部骨折

上腕骨のいちばん肩に近いところが折れる骨折で、骨粗鬆症に伴う頻度の高いものです。転倒した際に、肩をぶつけたり、ひじをぶつけたりして起こすことがあります。激痛があり、肩を動かすことができません。

■脊椎圧迫骨折

転んだ衝撃で背骨（脊椎）が押し潰されるように変形する骨折です。転倒・しりもち・くしゃみなどでも起こり、骨粗鬆症が原因のもっとも多い骨折です。主に胸部および背部（腰部）の痛みがあります。

関連プラス

骨粗鬆症（臥床していても起こる）

骨の中のカルシウムが減少して、骨がもろくなる病気です。わずかな衝撃でも骨折しやすくなり、血圧やコレステロール値を気にするように骨密度にも注意を払いましょう。

インフルエンザにかかった

インフルエンザは感染力が強く、症状は普通のかぜに比べて高熱、頭痛、関節痛、筋肉痛などの全身症状が強いのが特徴です。特に高齢者は気管支炎や肺炎などを合併して重症化し、最悪の場合死に至ることもあります。

■流行前の予防接種

ワクチン接種は発病予防や重症化防止に有効です。たとえ罹患した場合でも症状があまり重篤化しなくなり、肺炎などの併発を抑えることができます。

■予防

1. マスクをする
   他人からウイルスをもらうことを防ぐためにマスクを着用します。

2. うがいと手洗いの敢行
   うがい・手洗いを徹底します。顔などにもウイルスが付着している場合もあり、洗顔も合わせて行ないます。
3. 室内の湿度を保つ
   加湿器を使って室内の湿度を60～70%に保ち、インフルエンザウイルスの活動を抑えます。早期に薬を投与して重症化を防ぎます。
4. 体力を維持する
   体力が低下すると免疫力も低下し、インフルエンザに罹患しやすくなります。

■早めに医療機関へ

予防接種や予防対策をしてもインフルエンザに罹患してしまう場合もあります。特に高齢者の場合は重篤な症状になる危険性もあるため、早めに受診しましょう。

熱中症にかかった

体力のない高齢者は発症しやすく、自覚症状が少ないため気づいたときには重症の場合もあります。その場合は、すぐに救急車を呼びます。

■起こしやすい環境
○急に暑くなった○気温が高い○湿度が高い(室内でも起こる)
○日ざしが強い○風が吹かない○運動中

■高齢者の場合の原因
○体温調節能力の低下
○水分摂取量が少ない
○脱水症状になりやすい

■熱中症の症状いろいろ
○熱性失神…体温調整のために皮膚血管が拡張して血圧が下がる。顔面蒼白になり、脈が速く弱くなる。めまい、失神など。
○熱疲労…大量の発汗で脱水症状を起こす。めまいや頭痛、脱力感、吐き気など。
○熱けいれん…発汗後の大量の水分補給で血液の塩分濃度が下がる。筋肉痛やこむら返り（塩分喪失が元で）など。
○熱射病…極度の高熱で失神や意識障害、ショック症状を招く。発汗がなくなると急に悪化して命の危険もある。(日射病を含む)

■熱中症になったら
○涼しい場所で安静にする（冷房をかけて冷やす)。
○体温の低下をはかる（冷水をかける・首筋やわきを冷やす・風をあてる　など)。
○水分をとる。

水分補給が可能であれば、スポーツ飲料などを十分にとってもらいますが（お茶はだめ)、高齢者の場合は、点滴が必要となる場合が多く、受診が必要です。

胃ろうの必要がある

胃に栄養を入れられるように作られた口のことをいい、栄養剤を直接流し入れることで、栄養を直接胃に届けることができます。

■こんな場合に
○口から食事がとれない。
○飲み込む力がない。
○治療の途中で口から栄養をとることができない。
○食べ物が気管に入って誤嚥性肺炎を起こす危険がある。

■胃ろうの手術
胃ろうの手術は、高齢になって飲み込む力が弱まってきた場合に作る選択をする場合が多く、比較的体への負担が少なくてすみます。体調が改善して口から食べ物をとることができるようになった場合には、胃ろうを閉じることもできます。

■胃ろうの課題
医療面から見ればより効率的に栄養をとる方法で、延命治療の一つととらえることができます。一時的な治療でなく、これからの生活に大きくかかわってくることを念頭に入れておく必要があります。

関連プラス

経管栄養
胃や小腸まで細いチューブを挿入し、流動様の栄養剤を注入する方法で、胃ろう栄養法もその一つです。自己抜去されても比較的簡単に再挿入ができますが、意識がある場合には違和感や排痰困難があるのが難点です。

7 バイタルチェックの留意点 ①

バイタルサインとは

生きている証の確認の基本がバイタルサインです。一般的には、脈の数やようす、血圧、体温、呼吸の数やようすの４つの生体情報を指します。高齢者の介護をするうえでバイタルチェックは欠かせません。

バイタルサイン（Vital Signs）＝生きている兆候

＊脈拍・脈拍数（bpm＝拍 / 分）
＊血圧（mmHg →水銀柱の高さ）
＊体温（度Ｃ）
＊呼吸・呼吸数（回 / 分）

→ **身体状況の客観的把握**

＜生命の危険信号となるバイタルサイン）

脈拍：１分間 60 回未満または測定不能の頻脈

血圧：収縮期血圧 60mmHg 未満

体温：35 度Ｃ以下または 42 度Ｃ以上

呼吸：１分間以上無呼吸

バイタルチェックの留意点②

脈拍

高齢者の場合は不整脈なども多く1分間以上きちんと測るようにします。正常範囲はおよそ毎分50～60回で、50回以下を徐脈、100回以上を頻脈といいます。脈拍が測定できる部位は全身にいろいろあり、一般的には手首の中枢側の直近の外側（親指のある側）の部位の動脈です。

血圧

血圧は心臓のポンプ作用で血液が体内に送られるときの圧力が動脈壁に及ぼす力です。高齢者の診察の際の診察室血圧は140／90mmHg未満、家庭血圧は135／85mmHg未満がよいとされています（高血圧治療ガイドライン：日本高血圧学会）。

体温

一般的には体内の温度を反映するわきの下で測定します。一般的には36度Cですが、高齢者では皮下脂肪が薄く皮膚の熱の伝導度が低いため値が低くなりやすいといわれます。1日の中での温度差や個人差があり、夜中には低く、夕方との温度差は約1度Cとされています。

呼吸

呼吸数は年齢や性別、個人差があり、体位や精神状態などさまざまな要因によっても変化します。回数（1分間に14～20）、規則的かどうか、呼吸深度（浅い深い）、呼吸音についての観察を行ないます。必要に応じて酸素吸入を行ないましょう。

高齢者の栄養状態と評価

高齢者の栄養障害は、主にたんぱく質とエネルギーがとれていない低栄養（PEM）で、免疫能の低下や褥瘡の悪化につながり、全身状態や気力、生活自立度の低下や要介護の上昇をもたらします。また、低栄養による筋たんぱく質合成の減少から筋肉量が減少し、筋力低下を引き起こして、転倒、骨折、寝たきりの一因になります。

栄養状態の評価

1）体重
・体重減少 （6カ月で2～3kg以上の減少は要注意）
・ＢＭＩが18.5未満／やせ
ＢＭＩ計算式 （＝体重（kg）÷身長（m）÷身長（m））
2）食事摂取の状況調査（アセスメント表を作りチェックする）
3）血液中のたんぱく質（血清アルブミン値で見る）
基準値／3.5～5.2g/dl
3.5g/dl以下／低栄養群
3.5～3.9g/dl／低栄養予備群
4.0g/dl以上／良好群
褥瘡がある場合は、すべて低栄養群となります。

関連プラス

血清アルブミン

食物から摂取したたんぱく質は、血液中のたんぱく質やアミノ酸のかたちで細胞に運ばれます。アルブミンは血液中のたんぱく質の50～70%を占め、水に溶けない物質を臓器や組織に運んだり、血液の浸透圧を保ちます。

高齢者と栄養素

高齢者、特に70歳以上は低栄養になりやすく、栄養障害のリスクを避けて通れません。主要なエネルギー源となる3大栄養素（たんぱく質、脂質、炭水化物）は重要な栄養素です。

＜高齢者の食事摂取基準＞（1日の量）

	高齢男性（70歳以上）	高齢女性（70歳以上）
推定エネルギー必要量（kcal） 身体活動「ふつう」 身体活動「高い」	 1,850 2,100	 1,550 1,750
たんぱく質（推奨量）g	60	50
総脂質（目標量）（%エネルギー）	15～25	15～25
炭水化物（目標量）（%エネルギー）	50～70	50～70

低栄養とたんぱく質

低栄養（PEM：Protein Energy Malnutrition）は、必要な量のたんぱく質とエネルギーがとれない状態です。ビタミンやミネラルなどの各種栄養素も不足すると、体重の減少や免疫力の低下を招き、感染症などの病気にかかりやすくなります。特にたんぱく質は人体の細胞を作る主要な成分で、20種類のアミノ酸の組み合わせでできており、中でも9種類の必須アミノ酸は体内で合成できないので食物から摂取する必要があります。

いろいろなメーカーからおいしくて食べやすい高たんぱく食が販売されています。褥瘡などのある方は、医師や栄養士と相談して摂取を考えていきましょう。

高齢者と服薬管理

高齢者の多くは、複数の疾患にかかっており、内服する薬が多いのが特徴です。また、肝機能や腎機能が低下しているので薬が長時間体内に残る傾向があり、指示された時間や量を厳守することが大切です（服薬コンプライアンス）。

服薬のしかた

薬は体位を起こした状態で、水やぬるま湯といっしょに飲むことが基本です。ベッドでも無理をしない程度に軽く体を起こして飲んでもらいます。必ず口の高さが食道や胃の位置よりも高くなるようにします。

高齢者の薬と副作用

・解熱鎮痛薬／虚脱症状や過度の体温低下、胃痛、消化管出血　など
・利尿薬／脱水、過度の降圧、高カリウム血症など
・下剤／過度の脱水、過敏症状
・消化性潰瘍治療薬／肝機能障害、黄疸
・血糖降下薬／作用増強、低血糖
・降圧薬／過度の降圧、起立性低血圧症　など
・催眠鎮静薬・向精神薬／過度の鎮静、物忘れ、ふらつき
・強心薬／過敏症状、作用増強、ジキタリス中毒　など
・抗血栓薬／出血傾向
・不整脈治療薬／過度の降圧、脳梗塞の発症
・制酸薬／肝機能障害、高マグネシウム血症
・副腎皮質ホルモン剤／消化性潰瘍、むくみ、乏尿、高血圧、糖尿

副作用を防ぐには

重要な副作用に関しては検査などで医師もチェックして注意をしているはずですが、高齢者は副作用が出やすいので、気になることがあれば相談しましょう。

◎決められた用法・用量を守る。
◎病状や副作用の経験、服用中の薬などの情報を知っておく。
◎「何か変だ」と感じたらすぐ医師に連絡する。

医薬品の識別

錠剤やカプセルの薬の本体や薬を包んでいる包装材料（シート、袋、ラベルなど）には、数字やアルファベットの記号が付いています。この識別記号から薬剤名や薬効、用法・用量、副作用、使用上の注意などを知ることができます。

＜例＞
本体 code　@ 120　／@;ロゴマーク、数字;パッケージ単位で付番
包装 code @ 120 10mg
製品名　　○○○D錠 10ｍｇ
規格　10ｍｇ1錠
メーカー名　　△△△製薬

併用禁忌薬

飲み合わせの悪い薬のことで、併用すると作用の減弱や副作用の増強など、体に悪い影響が出るおそれがあります。新たに別の科や別の病院にかかるときは服用中の薬のことを必ず伝えます。調剤薬局でお薬手帳を貰っておくと良いでしょう。

関連プラス

ジェネリック医薬品

新薬は開発メーカーが特許期間中に独占製造・販売することができます。ジェネリック医薬品は、その特許期間満了後に別のメーカーから同じ有効成分で発売される薬で安価です。医療費削減策の一つとして厚生労働省が力を入れています。

Ⅱ ● スキルアップ介護メモ11

長谷川式簡易知能評価スケール

認知症の評価スケールとして、医療・福祉現場などで幅広く使用されているのがスケール（HDS－R）です。
・被験者への口頭による質問で、短期記憶や見当識（時・場所・時間の感覚など）、記名力などを比較的容易に点数

	質問内容
1	お歳はいくつですか？（2年までの誤差は正解）
2	今日は何年の何月何日ですか？　何曜日ですか？ (年、月、日、曜日が正解でそれぞれ1点ずつ)
3	私たちが今いるところはどこですか？ (自発的にできれば2点　5秒おいて、家ですか？　病院ですか？　施設ですか？の中から正しい選択をすれば1点)
4	これから言う3つの言葉を言ってみてください。あとでまた聞きますのでよく覚えておいてください。 (以下の系列のいずれか1つで、採用した系列に○印をつけておく) 1：a) 桜　b) 猫　c) 電車　2：a) 梅　b) 犬　c) 自転車
5	100から7を順番に引いてください。 (「100引く7は？　それからまた7を引くと？」と質問する。 最初の答えが不正解の場合は打ち切る)
6	私がこれから言う数字を逆から言ってください。 (6－8－2、3－5－2－9を逆に言ってもらう。 3桁逆唱に失敗したら打ち切る)
7	先ほど覚えてもらった言葉をもう一度言ってみてください。 (自発的に回答があれば各2点。 もし回答がない場合以下のヒントを与え、正解であれば1点) a) 植物　b) 動物　c) 乗り物
8	これから5つの品物を見せます。それを隠しますので何があったか言ってください。(時計、鍵、タバコ、ペン、硬貨など必ず相互に無関係なもの)
9	知っている野菜の名前をできるだけ多く言ってください。 (答えた野菜の名前を右欄に記入する。途中で詰まり、約10秒間待っても出ない場合にはそこで打ち切る) 0～5＝0点、6＝1点、7＝2点、8＝3点、9＝4点、10＝5点

※このほかに、国際的な評価法として
MMSE(Mini-mental state examination) があります。

化し評価できるようになっています。
・評価結果については、合計点数 30 点満点中 20 点以下が「認知症疑い」と判定されます。

		月　　日	月　　日
		0　1　2	0　1　2
	年 月 日 曜日	0　1 0　1 0　1 0　1	0　1 0　1 0　1 0　1
		0　1　2	0　1　2
		0　1 0　1 0　1	0　1 0　1 0　1
	93 86	0　1 0　1	0　1 0　1
	2→8→6 9→2→5→3	0　1 0　1	0　1 0　1
		a.0　1 b.0　1 c.0　1	a.0　1 b.0　1 c.0　1
		0　1　2 3　4　5	0　1　2 3　4　5
		0　1　2 3　4　5	0　1　2 3　4　5
合 計 得 点			

II ● スキルアップ介護メモ 12

日常生活自立度

介護度は日常生活の自立度で判定しますが、判定基準としては厚生労働省から「障害高齢者の日常生活自立度（寝たきり度）」（身体的機能評価）と「認知症性老人の日常生活自立度」（精神心理機能評価）が出されています。

認知症老人の日常生活自立度

ランクⅠ：何らかの認知症を有するが、日常生活は家庭内および社会的にほぼ自立している。
ランクⅡ：日常生活に支障を来すような症状・行動や意思疎通の困難さが多少見られても、だれかが注意していれば自立できる。
ランクⅢ：日常生活に支障を来すような症状・行動や意思疎通の困難さが見られ、介護を必要とする。
ランクⅣ：日常生活に支障を来すような症状・行動や意思疎通の困難さが頻繁に見られ、常に介護を必要とする。
ランクⅤ：著しい精神症状や問題行動あるいは重篤な身体疾患が見られ、専門医療を必要とする。

障害高齢者の日常生活自立度判定基準

生活自立 ランクJ	何らかの障害を有するが、日常生活はほぼ自立しており、独力で外出する 1. 交通機関などを利用して外出する 2. 隣近所へなら外出す
準寝たきり ランクA	屋内での生活はおおむね自立しているが、介助なしには外出しない 1. 介助により外出し、日中はほとんどベッドから離れて生活する 2. 外出の頻度が少なく、日中も寝たり起きたりの生活をしている
寝たきり ランクB	屋内での生活は何らかの介助を要し、日中もベッド上での生活が主体であるが、座位を保つ 1. 車イスに移乗し。食事、排せつはベッドから離れて行なう 2. 介助により車イスに移乗する
寝たきり ランクC	1日中ベッド上で過ごし、排せつ、食事、着替えにおいて介助を要する 1. 自力で寝返りをうつ 2. 自力では寝返りもうたない

スキルアップ介護メモ 13 意識レベルについて

意識レベル評価法

医師（あるいは救急隊員）には、3-3-9 度方式によって具体的に意識レベルを伝えるようにしましょう。覚醒（目を覚ますこと）の程度を9段階で表し、数値が大きいほど意識障害が重いことを示しています。

3-3-9 度方式（Japan Coma Scale)、
ジャパン・コーマ・スケール

	点数	
Grade（Ⅰ）刺激しないでも覚醒している	1	一見、意識清明のようであるが、今ひとつどこかぼんやりしていて、意識清明とは言えない。
	2	見当識障害（時・場所・人）がある。
	3	名前・生年月日が言えない。
Grade（Ⅱ）刺激で覚醒する	10	普通の呼びかけて容易に開眼する。
	20	大声または体を揺さぶることで開眼する。
	30	痛み刺激を加えつつ、呼びかけを繰り返すと、かろうじて開眼する。
Grade（Ⅲ）刺激しても覚醒しない	100	痛み刺激を払いのけるような動作をする。
	200	痛み刺激で少し手足を動かしたり顔をしかめる。
	300	痛み刺激に反応しない。

意識レベルを3つのグレードに分け、それぞれを3つの段階に分類（カルテには 100-1、20-R Ｉなどと記載）
(R) Restlessness（不穏状態）
(I) Incotinence（失禁）
(A) Akinetic mutism（無動性無言）、Apallic syndrome（失外套症候群（しつがいとうしょうこうぐん））

介護保険の主なサービス ①

介護保険のサービスの手順

■市町村に申請すると調査員がその家庭等を訪問し、看護、介護が必要な状態かどうかの調査を行ないます。訪問調査の結果と主治医の意見書をもとに、介護認定審査会で介護の必要程度を判定し、その結果が通知されます。

■要支援１から２の場合は地域包括支援センターから担当ケアマネジャーが連絡します。要介護１から５の場合は居宅介護支援事業者からケアマネジャーに依頼します。

■①申請した日から介護サービスが暫定的に利用可能です。②介護サービス計画（ケアプラン）が作成されます。
※利用する場合は、原則として費用の１割が自己負担になります。福祉用具も１割の負担でレンタルできます。

施設入所のサービス

●特別養護老人ホーム（介護老人福祉施設）
　常に介護が必要で在宅では介護が困難で介護認定を受けている40歳以上の方が入所。日常生活の介護・健康管理などが受けられます。

●介護老人保健施設
　老人ホームと病院の両方の機能を持つ中間施設で、一定期間滞在できる施設。病状安定期にあり入院治療するほどではないがリハビリテーションや看護・介護を必要とする要介護者が在宅復帰を目ざして入所します。

●介護療養型医療施設
　病状が安定しているが常時医学的管理が必要な方のための医療施設。比較的長期にわたり、日常的に行なわれる医療ケアや維持期のリハビリテーション施設です。

スキルアップ介護メモ 15 介護保険の主なサービス ②

介護施設で行なわれるサービス

●短期入所介護（ショートステイ）

特別養護老人ホームなどへ短期入所して日常生活の介護や機能訓練を受ける短期入所生活介護と、介護老人保健施設や介護療養型医療施設に短期入所して医療管理のもとで機能訓練などを受ける短期入所療養介護とがあります。

●認知症高齢者グループホーム

比較的安定状態にある中等度の認知症の要介護者を入居させて、共同生活の中で入浴・排せつ・食事などの介護等の日常生活上の世話や機能訓練を行ないます。

●有料老人ホームなど

有料老人ホームや軽費老人ホーム（ケアハウス）が入所者である要介護者等を対象に、入浴・排せつ・食事などの介護、生活に関する相談・助言などの日常生活上の世話や、機能訓練・療養上の世話を行ないます。

●通所リハビリテーション（デイケア）

介護老人保健施設や病院・診療所が、在宅の要介護者などに通ってきてもらい（送迎し）、心身の機能の維持回復を図って日常生活の自立を助けるために、食事、入浴、理学療法・作業療法などの必要なリハビリテーションを提供します。

●通所介護（デイサービス）

老人デイサービスセンターや特別養護老人ホームなどが在宅の要介護者に通ってきてもらい（送迎）、入浴・食事の提供と介護などのサービスを受けます。

Ⅱ スキルアップ介護メモ16 介護保険の主なサービス ③

在宅で受けるサービス

●訪問介護（ホームヘルプサービス）

ホームヘルパー等が要介護者等の自宅を訪問して、入浴・排せつ・食事などの介護、調理・洗濯・掃除などの家事、生活等に関する相談・助言の必要な日常生活の世話を行ないます。

●訪問入浴介護

要介護者の自宅を入浴車で訪問し、浴槽を家庭に持ち込んで入浴の介護を行ない、利用者の体の清潔保持と心身機能の維持を図ります。

●訪問看護

医師の指示のもと、訪問看護ステーションや病院・診療所の看護師が、要介護者等の自宅を訪問して療養上の世話や必要な診療の補助を行ないます。

●訪問リハビリテーション

病院・診療所または介護老人保健施設の理学療法士・作業療法士が、要介護者の自宅を訪問して、心身の機能の維持回復を図って日常生活の自立を助けるため、理学療法・作業療法などの必要なリハビリテーションを行ないます。

●居宅療養管理指導

医師、歯科医師、薬剤師などが自宅を訪問して、医学的な管理や指導を行ないます。

●福祉用具貸与

心身の機能が低下し日常生活に支障のある要介護者などに、日常生活の便宜や機能訓練のための福祉用具を貸し出します。

看取りについて

※厚生労働省の手引きに従いましょう。

看取りをケアの延長ととらえ、人生の最後を心穏やかに送れるよう本人を中心とした「パーソンセンタードケア（パーソンフッド＝その人らしさ）」を中心とした介護を、家族、施設スタッフが連携し支援する体制が必要です。

○本人、家族のあらゆる選択肢を提供する中で、施設での看取り体制（医療、介護）について明確に説明しておきましょう。
○本人、家族の想いを大切にし、共有していく精神的支援が重要です。
○本人の状態変化に合わせ、その都度連携して要望や意思変更時の柔軟な対応が望まれます。
○本人、家族の同意のうえで医師の指示のもとで行なわれます。

施設での看取り体制

○施設としての指針（指針、マニュアル）
○各職種の連携（チームアプローチ）体勢
○看取りについての研修の実施

関連プラス

介護施設の看取り事例

死後の処置も家族が希望すればいっしょに行なっています。事前に本人や家族と話し合い、家族とともに看取ります。最後の衣服などの要望もお聞きしたうえで対応しています。施設スタッフ一同、「ここで最期まで居られてよかった」と言っていただけることを喜びとしています。

ターミナルケア

高齢者のターミナルケア

ターミナルケアは緩和ケアを中心とした総合的なケアのことです。心身の機能の回復が期待できない状態の高齢者が、望まれるように、その人らしく、最後まで過ごせるようケアをすることも含め、終末期ケアとも呼ばれています。

高齢者のターミナルケアの特徴

○複数の疾患がある。
○精神症状が現れやすい。
○より苦痛が少ない。
○より死を受け入れやすい。

ターミナルケアと症状

◎身体症状
○疼痛○呼吸困難○嚥下困難○褥瘡○排尿障害○関節拘縮
○かゆみ　など
◎精神症状
○せん妄○幻覚妄想状態○不穏○うつ状態　など

末期医療と医師との連携

ターミナルケアにおける医師の協力は不可欠です。末期医療についての意思の確認や手続きは、入所時に本人や家族と実施しておきます。

※ターミナルケアの内容や体制はそれぞれの施設で異なります。家族と相談しながら行ないます。

救急車依頼・手配と流れ

●救急車到着までにすること

オンコール

▼

119番に連絡

▼

状態を伝える
状況、意識の有無、容態（出血や激痛）

▼

住所を伝える

▼

準備をする
保険証、診察券、個人情報（パーソナルデータ）、身の回り品

●119番では、「落ち着いて、ゆっくり、はっきりと！」

局番なし119番（地域の消防本部）に電話し、通じたら係員の質問にこたえます。

○○消防本部（署）です。火事ですか？ 救急ですか？

▼

救急です。

▼

どうしましたか？

▼

急病です。
例（急に倒れました。呼びかけても反応がありません。）

▼

場所はどこですか？

▼

○○市○○町○丁目○番○です。○○○の隣です。

▼

あなたのお名前と電話番号を教えてください。

▼

○○○○○です。電話番号は○○○○○○○です。

※携帯電話からも、局番なしで119をダイヤルするだけでかかります。
どこの市町村からの電話かを最初に伝え、電源を切らないようにします。

著者　プロフィール

協力：特別養護老人ホーム・いくとく

監修：堀　清記
兵庫医科大学名誉教授・元姫路獨協大学教授。京都大学医学部卒・医学博士

監修：堀　和子
医療法人医真会　介護老人保健施設「あおぞら」施設長・元兵庫医科大学教授。
京都大学医学部卒・医学博士

編著：前田　万亀子
高齢者サポートネットワーク「CSねっと企画」所属。ライター・コーディネーター

スタッフ

表紙イラスト／童きみか　本文イラスト／おかじ伸／角田正己（イラストレーションぷう）／辻井清純
編集協力　本文デザイン・レイアウト／太田吉子
企画編集／安藤憲志　校正／堀田浩之

安心介護ハンドブック⑤
どうしよう！すぐ知りたい!!
よくある現場の介護知識

2010年11月　初版発行　　2012年2月　4版発行

監修　堀　清記・堀　和子
編著　前田　万亀子

発行人　岡本　健
発行所　ひかりのくに株式会社

〒543-0001　大阪市天王寺区上本町3-2-14
郵便振替 00920-2-118855　TEL06-6768-1155
〒175-0082　東京都板橋区高島平6-1-1
郵便振替 00150-0-30666　TEL03-3979-3112
URL　http://www.hikarinokuni.co.jp
印刷所　図書印刷株式会社

ISBN 978-4-564-43115-9　Printed in Japan
C3036　NDC369.17　128P　15×11cm